雲山歷史紀行

운산역사기행

현장을 가다

雲山歷史紀行

운산역사기행

현장을 가다

운산 박순진 지음

學古房

프롤로그

학창시절 읽었던 이산 김광섭 시인의 '나의 사랑하는 나라'는 마음 속 깊은 곳으로부터 나를 뒤흔들었다. 무엇으로 시인의 마음에 다가갈 수 있을까를 생각해왔다.

그 뿐 아니라 대동여지도를 만든 고산자 김정호, 일곱 번이나 백두산을 오르며 수레를 타고 전국을 실측하여 완전한 조선의 지도를 만들어낸 사실은 지금도 진한 감동으로 남아있다.

이 땅이 생긴 이래 형성된 유적, 유물, 명승지가 그냥 이루어진 것이 있을까?

자연의 승경勝景이든 사람 손길을 거친 걸작품傑作品이든 오랜 세월을 지내오면서 깊은 사연이 배어들어 우리의 산하는 발길 닿는 곳마다 감동 아닌 것이 없었다.

역사의 현장에 대한 의미를 되새기고 이를 가꾸어 보존하는 것은 우리의 뿌리를 찾아가는 작업인 동시에 오늘을 사는 우리들이 옛 사람들로부터 삶의 양식을 제공받는 것이 아닐까.

일연선사가 삼국유사에서 역사와 설화를 공존시켜 놓은 속마음을 어렴풋이나마 알 것 같기도 하다.

조상들이 남긴 문화유산이야말로 우리의 문화역량을 가늠하는 저울일진대, 안타깝게도 급속한 자본주의의 팽창과 더불어 경제발전이라는 명분아래 조상들이 물려준 우리의 문화유산은 망가지고 사라질 위기에 놓였다. 오늘날 우리는 물질만능의 풍조 속에 어쩌면 소중한 우리의 것을 잊은 채 상실의 시대를 살고 있는지도 모른다.

우리의 문화재를 아끼고 잘 보전하는 것은 민족의 힘을 하나로 결집시키는 동력이 될 것이다. 또한 이러한 노력은 한류문화의 정착을 촉진하고 우리 시대에 주어진 최대 명제인 남북통일을 이루는 지름길이 되리라 믿는다.

역사기행이라는 이름의 본 기행시는 일종의 서사시敍事詩로서 우리의 문화유산에 얽힌 역사적 배경을 설명하고 그것이 우리의 삶에 어떠한 의미를 가지는지를 음미함에 그 목적을 두었다.

필자는 앞서 살다간 사람들의 삶의 방식과 발자취를 확인하기 위하여 역사의 현장을 살피며 긴 시간을 보냈다.

본 역사기행으로, 학생들에게는 호연지기를 기르고 정서를 함양하여 가슴을 열고 더 넓은 세상을 향해 나아갈 수 있기를 바라며, 일반 독자들에게는 조금이라도 인문학적 소양을 쌓는 기회가 되기를 기대하면서 문화유산 탐방을 통하여 우리의 정체성을 찾고 문화역량을 드높여 한류문화韓流文化의 잠재력을 세계만방에 펼치는 계기가 되었으면 하는 희망을 가져본다.

2016년 가을
포항 장성동 사무실에서
박 순 진

차례

제1부 위대한 유산

제2부 아름다운 산하

제3부 지켜야할 강토

제4부 문화유산에 깃든 역사

제5부 삶의 발자취를 따라

제6부 꺼지지 않는 민족혼

제7부 남겨둔 여정(통일을 기다리며)

제 1 부
위대한 유산

감은사 탑感恩寺塔

석굴암 마주보는 동해바다 동해구
대왕암 들어가는 대종천변 언덕 위에
삼국통일 이룩한 문무대왕의 호국원찰
감은사의 1금당 쌍탑

우리나라 삼층 석탑의 시원始原
2층 기단의 단순하면서도 웅장한
응회암 삼층 석탑
얹은 돌 사이사이엔 나비 쇠빗장 질러
1400년 세월의 무게 거뜬히 이겨낸 탑

깊숙이 지축을 누르는 무게감
삼국을 통일한 신라의 힘이
하나로 응집된 장중함,
담담하면서도 고고함을 간직한
가슴 미어지도록 우아한 자태.

모든 잘못 다 감싸줄 부모님의 가슴 같은
넉넉함을 지닌
자비로운 탑

오랜 비바람에 상륜부는 사라지고
5미터 높이의 찰주만 남았다.
3층 탑신에는 장엄한 사리장구
천년 세월 지켜온 동아시아 최대의 걸작

위대한 신라정신이 여기에 살아 있으니,
심주석 올린 문무대왕
동해의 호국용 되어 이 탑 사이로 들고 나며
만대유전 번성하는 나라를 염원하였다.

떨어지지 않는 발길
아…… 대왕의 마음 닮은 웅혼한 탑이여,
또 다시 통일을 기다리는 우리에게
생명줄 같은
감은사 탑이여!

강화도 고인돌

강화섬 고려산 자락에
언제부턴가 거대한 돌상 있으니
받침돌 두 개 세우고
집채만 한 넓적 바위 올려놓았다.

청동기 시대
우리네 족장님 죽음의 집이라니
얼마나 많은 백성의 피와 땀으로
이토록 커다란 돌무덤 만들었을까

수천 년 세월의 무게
이기지 못한 돌다리
피사의 탑 마냥
이지러졌네.

거문도 등대巨文島 燈臺

아득한 남쪽바다 다도해 최남단에
둥그렇게 뜬 세 개의 섬
은빛 물결 출렁이며 줄지어 들어오는
칼치잡이 배 가득한
거문도

섬 남쪽 무넹이(목넘어) 건너
동박새 지저귀는 동백숲 터널 길 지나
수월산 돌아들면
산 끄트머리 층암절벽에
망망대해 바라보며
우뚝 솟아 있는 웅장한 백색기둥
동양 최대의 거문도 등대

1905년 4월 첫 불 밝힌 이래
100년 세월 한결같이
남해안 뱃길을 비추고 있다.
벼랑을 때리는 파도는 금방이라도
섬을 삼킬 듯 덤벼들지만
등대는 끄떡도 하지 않고 바다를 지킨다.

휘몰아치는 태풍을 온 몸으로 맞고도
거친 물결 가르며 항해하는 배들을
따뜻이 감싸고

안개 자욱한 날이면 부-웅 부-웅
무적霧笛을 울려 크고 작은 배들에게
바닷길을 연다.
깜깜한 밤, 등대에도 외로움이 밀려오면
아스라이 제주 등대의 불빛을 마주하고
허전한 속을 달랜다.

남해안 최초의 등대 거문도 등대는
만선으로 귀항하는 어부들의 썰소리 들으며
오늘도 묵묵히 바다를 지키고 있다.

달마산 도솔암

해남 땅끝 바닷가에
달마산 우뚝 섰다.
인도국 달마왕자의
법등法燈 손길이
여기까지 뻗치었나?

해동전법 의상대사
도솔봉 벼랑 끝에
돌 연꽃 잎사귀로
제비집* 지으셨다.

산봉우리 타고 오는
솔바람 마주하고
하늘 땅 바다가 한데 딱 붙은
도솔암 마당에 서면,

중생들의 온갖 번뇌
도솔천 하늘 높이
한 줌 재로
흩어진다.

* 제비집 : 아주 작은 암자 도솔암 뾰족뾰족한 바위사이에 연꽃 모양의 돌축대를 쌓아 그 안에 암자를 지었다.

신비로운 달마산과 도솔암

달마산(達磨山) 도솔봉(兜率峯)에 자리 잡은 도솔암(兜率庵)은 통일 신라말 화엄조사 의상대사가 창건한 천년의 기도 도량이라고 알려졌으며, 암릉으로 둘러싸인 도솔암은 경관이 매우 뛰어난 곳이다.

도솔암의 층층이 쌓은 축대는 석차석치의 나막신을 신은 거인의 암자를 지었다는 전설이 내려오고, 인기리에 방영되었던 드라마 '추노'의 촬영지다.
도솔암 일원은 4월에는 진달래, 5월에는 철쭉, 6월에는 원추리 가을에는 단풍, 겨울에는 설경이 멋이 있어 많은 관광객들이나 사진작가들이 찾는 곳이다.
달마산 도솔암 일원은 달마도솔(達摩兜率)이라 해남팔경중의 하나로 치며, 모름지기 해남 최고의 경관을 자랑하는 해남 제1경이다.

촬 영 시 기	**매년 4월초(진달래), 5월초(철쭉), 6월(안개), 11월말(단풍), 12월~2월말(설경), 매일 일몰**
촬 영 시 간	오전10시 ~ 오후 해질녘
촬영포인트	도솔봉 ~ 도솔암 일원(800m구간)

대흥사 사랑나무

해남 두륜산 봉우리에
누워 계신 부처님,
가련봉에 가슴 얹고
노승봉에 발 드리우시고
자비의 손길로
대흥사 도량道場에
사랑나무 내리셨다.

억겁의 해후 기다리며
뿌리째 한 몸 되어
천년 세월을 삼킨
느티나무 연리근連理根,

간절하게 기원하면
모든 소망 거둬주는
구원의 거목!

서산대사 구국 승병僧兵,
초의선사 제다製茶 정성
이 나무에 빌었을까
완당거사 원지 유배流配
무사귀환 빌었을까
다산선생 목민심서牧民心書
이 나무에 바쳤을까

오늘도
두륜봉 부처님은
사랑나무 찾는 중생들을
굽어살핀다.

동리 생가東里生家

납작한 철간판에 안내문 씌어있다.

- 경주시 성건동 284-2번지
현대소설의 큰 산맥 동리 김시종의 생가
1960년까지 보존되어 오다가
급속한 도시화로 그 터가 셋으로 나뉘어
다른 사람의 집이 되었다 -

화랑의 후예, 무녀도, 황토기, 등신불, 사반의 십자가
한국 현대문학의 선구자
문호文豪 김동리의 집이었다니!

넓은 가슴과 푸른 꿈을 키워낸
널따란 텃밭과 고색창연한 기와집은 어디로 가고,
실낱같은 구멍으로 대문짝 안을 살짝 들여다보면
시멘트 슬라브집 세 채가
숨도 쉴 수 없을 만큼 다닥다닥 붙었다.

대한민국은 문화민족국가라 했던가
누가 그렇게 알아주기나 할까?
버려진 문호의 생가
여기가 동리의 집인 줄은 경주 사람도 잘 모른다.

우리가 사는 이 땅은 괴테도, 실러도, 세익스피어도
손짓하지 않는 황무지인가.

동리생가
쓰레기 불법투기 금지

LG

마니산 참성단塹聖壇

동경 126.3도 북위 37.7도
대한민국 강화도 마니산 참성단
우리나라에서,
아니, 지구상에서
가장 강한 기氣가 흐르는 곳.

백두산 천지와 한라산 백록담의 한 가운데
자리한 민족의 영산靈山
오천년 대한의 역사가 오롯이 살아 있는 곳.

918개 돌계단 오르면,
스물 한개 층계를 쌓은 6미터 높이의
하늘과 맞닿은 돌 제단
바닥은 돌바위에 기대어 둥글게 쌓아올린
하늘 닮은 하원단,
위쪽은 반듯한 네모모양의
땅 닮은 상방단.

이 제단은 하늘로 통하는 관문이다.
여기에 올라 고개 들어 우러러보면
푸른 하늘에 이르고,
아래로 굽어보면 서해바다의
은빛 물결 출렁인다.

이곳은 배달민족의 생명줄일지니,
환웅천제가 운사, 우사 내리신 이 땅에
단군 할아버지 돌단 쌓으시고
하늘에 제사지내신 민족의 성지聖地.

누란의 위기마다 하늘 향한 간절한 기도로
국난을 극복해온 한민족의
꺼지지 않는 혼불의 저장고이리라.

남북통일을 기원하는 자 여기에 오라
선진 대한민국 이루기를 꿈꾸는 자 여기로 오라
모두 이 제단에 올라 힘을 모으고
하늘을 향해 크게 한 번 외쳐보자.
- 남북통일을 이루게 하소서,
대한민국이 선진국 되게 하소서! -

마라도 성당

태평양 바다 위
작은 점 하나
대한민국 최남단
마라도.

살레덕 선착장 내려
하얀 등대 지나면
수평선과 맞닿은 곳에
아주 작은 예배당 있다.

투구 같기도
장화 같기도
잠수함 같기도 한,

아름다운 성당 안엔
조그만 탁자 위에
촛불 하나 켜져 있고
성경 한 권 놓여 있다.
신자도 사제도 없는
빈 성당이다.

그러나 하느님 손닿을 수 있는
동그란 유리 천정 있어
마라도를 찾는 사람
누구나 기도할 수 있다.

가난한 자 복 받게 하오시고, 축복 받은 자
그 복을 이웃과 나눌 수 있게 하오소서!

문무왕 수중릉水中陵

감은사탑 지나 동해구 봉길리
200미터 앞 동해바다에 가로누운
길이 이십 미터의 작은 바위섬,

동쪽에서 들어온 바닷물
잔잔한 십자형 수로를 거쳐
서쪽으로 빠져나간다.

그 안에 놓인 거북모양의 둥근 덮개돌
동해의 용이 되어 나라를 지키려는
삼국통일의 군주 문무대왕의
호국혼이 깃든 수중릉이리라.

당나라의 압박에도 굴하지 않고
독립전쟁 완수한 법민 태자
마침내 신라의 30대 왕으로 등극하여
한민족의 정체성을 일깨웠으니
대왕의 나라 사랑하는 마음 하늘까지 닿았으리라.

죽어서도 대왕은
국태민안國泰民安을 염원하며 유언 남기니,
- 천하의 영웅도 죽으면 한 줌의 흙이 되니
나무꾼과 목동들이 그 무덤위에서 노래하고
여우와 토끼가 그 옆에 굴을 팔 것이다.
허례허식 금하고 장례절차 검소하게 하며,
백성에게 불편한 법령과 격식은 즉시 고치라
헛되이 재물을 낭비하면 역사의 웃음거리가

될 것이다.-
라고 간절히 일렀다.

대왕의 유언 따라 인도 법식으로
서라벌 낭산에서 화장하여
이곳 동해구에 모시다.
그 아들 신문왕,
부왕의 나라 사랑하는 숭고한 마음을
가슴에 새겨 감은사感恩寺 완공하고
사무치는 그리움에
바닷속 아버지 무덤 향해
이견대利見臺에서 절하다.

서산마애삼존불

태안반도 거쳐
사비성 가는 길목
가야산 중턱 도장바위에
보원사 옛터를 바라보며
세 부처님 서 계신다.

온화한 미소
돌바라기 손자의
해맑은 웃음처럼
마음씨 좋은 할아버지의
인정 넘치는 웃음처럼

인간세계 하강하신
불국정토 현신인가,
석가여래부처님의
포근하고 넉넉한
천년의 미소
범부의 염원 아로새긴
백제의 여운인 듯.

우협시 제화갈라보살의
따뜻하고 부드러운 미소
좌협시 미륵보살의
애기같은 천진난만한 모습.

아침에는 밝은 평화의 미소를
저녁에는 은은한 자비의 미소를,
삼존 부처님 한번 우러러보면
풍진세상 갖은 시름
말끔히 씻어진다.

사바중생 구원하는
백제 삼존불의 영원의 미소.

연곡사 동부도燕谷寺 東浮屠

산도 붉고 물도 붉고 그 가운데 선
사람도 붉게 물드는 삼홍三紅의
지리산 피아골 외진 곳에 자리한
아담한 절 연곡사

이 절 한 켠에 몽고병화, 임진왜란, 6.25전쟁을
거치면서도 1000년 동안 꿋꿋이 서 있는
어느 큰 스님의 사리 모신 동승탑東僧塔
신라 말 고승대덕 도선국사의 사리탑이라
입에서 입으로 전해오고 있다.

아름답고 섬세한
하늘이 내린 솜씨
천 번 절하고 한 조각 새기고
또 일천배하고
한 조각씩 새긴 듯
부재마다 지극한 정성 담겼다.

맨 아래 하대석 팔각대좌엔
구름속의 용이 꿈틀거리고
중대석 받침에는 면마다 다른 모습의 사자들
불법을 수호하고
지붕돌에는 가느다란 기와문양
암막새 수막새를 골골이 덮어 새기고
처마 안쪽에는 구름 위를 날으는
비천상 그렸다.
꼭대기 상륜부엔 연꽃과 봉황을 새긴
보주를 올렸다.

중생구제 서원하던 큰 스님의 간절한 발원
명장의 손길 거쳐 층층 칸칸
오롯이 배어있다.
천년의 세월 동안 크고 작은 전란으로
수 없는 재앙 겪고도
설산의 극락조 가릉빈가 축복으로
티 없는 고운 자태 옛 그대로 간직하니
그 숨결 쟁쟁하다.
아, 연곡사 동부도!
불교나라 승탑 중 세계의 으뜸이리라.

익산 미륵사탑

푸른 꿈 간직한 맛둥 도련님
백제국의 왕이 되어
온 백성 뜻 모아 나라 중흥 발원하며
미륵사 9층 석탑 세웠더니
세월의 무게 이기지 못해 허물어졌나니

칠년 해체 대역사로 심주석 들어 올리자
1400년 긴 잠에서 깨어나
황홀한 그 얼굴 드러내다.

영롱한 장엄사리함
그 속에, 연화문 인동초문 아로새긴
황금사리호
13과의 진신사리, 수천 개의 유리구슬
우아하고 섬세한 백제인의 숨은 손길
눈부시게 아름답다.

선명한 193자의 주칠 글씨
번쩍이는 금판 사리봉안기
유물은 역사를 비추는 거울인가
시간이 숨 쉬고 있었다.

- 좌평 사택적덕의 딸, 불심 깊은 황후 원력으로
귀한 재물 희사하여 이 탑을 세우노니
견고한 백제왕실 영원히 평안하시기를 -
…………

이 무슨 역설인가!
서동 따라 백제로 간 선화공주는 어디에,
국경 넘어 이룬 사랑의 노래는 또 어디로,
일연선사의 유사기록 설화였단 말인가?

아!
잃어버린 천년의 사랑
차라리 깨우지 말 것을 ……

전등사 대웅전

아도화상 초창한 천년고찰 전등사

정족산 품안에 단군왕검 세 아들이
정성으로 쌓아올린 삼랑성 석문 거쳐
섬돌 계단 올라서면,

임진년 병화 후 잿더미 쓸어내고
조선 제일의 목수 들여 수려하게 중창한
정면 3칸 측면 3칸의
장엄한 대웅보전.

연화문 장식한 3단의 수미단은
불대좌의 으뜸이요
높은 천정 닫집엔
극락조가 날개를 활짝 펼쳤고
여의주 입에 문 청룡은
구름 위를 나른다.

지붕 끝 추녀는 날아갈 듯 솟았는데
처마 밑 네 모서리 기둥 위엔
벌거벗은 여인네 벌서듯 쪼그리고 있다.
세 나부는 두 손으로 추녀를 떠받치고
한 나부는 한 손으로 힘겹게 매달렸다.
무슨 깊은 업보業報있어
이토록 무거운 지붕 머리에 이고
수백 년 세월을 견디고 있을까?
아름다운 이 보전寶殿에 슬픈 사랑 숨었으니,

대웅전 공사 맡은 인정 많은 도편수都邊首
절 아래 온수리 주막의 예쁜 주모와 눈맞아
절 건축 마치면 백년가약 맺자하고
차곡차곡 모은 재산 모두 갖다 맡겼더니
그 여인 어느 날 돈 보따리 챙겨들고
딴 남자와 야반도주 하였더라.

분노와 절망으로 응어리진 도편수
변덕장이 주모상酒母像을 부처님 집
처마에 매달고 세세생생 고통주어
그 원한 씻으려 했을까?

전등사 대웅전엔 역사와 전설이 함께 숨쉬고 있다.

경주 보리사 석조여래좌상

경주 남산의 동쪽 기슭 미륵골
불국토 신라의 황금기를 보여주는
유서 깊은 보리사.

삼국사기는 헌강왕, 정강왕의 무덤이
보리사 동남쪽에 있다 기록했으니
꽤나 큰 절이었나보다.

이 절 뒤편 언덕위에
남아있는 남산석불 가운데
가장 완전한 불상, 남산을
상징하는 부처님이 모셔져 있다.

팔각연화대좌위에 단정하게 가부좌하고
통견법의 옷자락 흘러내릴 듯 드리우고
오른 손은 항마촉지인을 하였다.
배 모양의 광배光背에는
연꽃 무늬와 보상화 무늬로 장엄하게 꾸미고
작은 화불化佛 군데군데 새겼다.

반듯한 이마
가늘고 긴 눈썹
반쯤 감은 눈
두툼한 입술
은은한 미소 머금은 정겹고 온화한 모습
단아하고 정 넘치는 자비스러운 부처님
마음속 깊이 평화를 느끼게 한다.

석굴암 본존불을 닮은 듯하면서도
위엄보단 포근함으로 다가오니
통일신라 예술의 향기가 진하게 묻어난다.

절 뒤 언덕에 고요히 앉아
건너편 낭산의 도리천을 굽어보며
융성한 나라를 기원하는 서라벌 대중들에게
자비의 미소를 지으며
오랜 폐사 터 지켜온 보리사 부처님,

그 환한 미소를 만나려고 길손들은
대숲 길 사이로 바쁜 발걸음 옮긴다.

명동성당明洞聖堂

서울시 중구 명동 높은 언덕에 우뚝 선
우리나라 유일의 순수 고딕양식 연와조 건물
한국천주교의 구심점이자 상징적 존재인
명동성당.

진고개 지나 한성부 명례방 종현鍾峴 고개에
1882년 블랑신부가 교당부지 마련하고
10년 후 코스트高宜善 신부가 정초식 치르고
공사 감독하며 중국인 양옥 기술자 들여
1898년에 공사를 마친 천주교 종현본당,
1900년에는 병인박해 순교자들의 유해를
이 성당 지하묘지에 안장하였다.

세상 사람들은 이 거대한 장안의 명물을
"뾰죽집"이라 부르며 구경꾼들 장사진을 이루더니
광복과 더불어 명동성당이라 고쳐 불렀다.

명동성당은 조선 민중의 마음의 안식처였다.
캄캄한 봉건사회의 질곡에서 벗어나 새로운 시대를
열려는 이벽 이승훈 정약용 권철신 등 선각자들
명례방 역관 김범우의 집에서 하느님의 뜻에 따라
예배 올리니 역사는 이를 명례방 사건이라 하였고
그 자리는 천주교 명동성당의 시원이 되었다.

명동성당은 한국 민주화의 산실産室이었다.
조국광복 이후 급성장한 한국 경제의 이면에 도사린
군사정권의 인권탄압과 반민주 폭정에 맞서

시대정신을 일깨우며 민주주의를 갈망하던 피끓는 젊음들
이 곳 성당을 의지처 삼고 정의의 피를 뿌렸다.

여리고 힘없는 나라의 신민으로 핍박 속에 지내온
대한의 민족은 하느님의 가르침을 공손히 받들어 온
착한 백성들입니다.

이제 통일을 앞두고 상생의 시대 맞아
모든 괴로운 사람들 이 언덕에 올라 고해성사 올리고
하느님의 거룩한 뜻 마음 깊이 새기오니
우리가 사는 이 땅을 천국이 되게 하소서.

보길도 세연정洗然亭

고산선생 곧은 절개
거둘 길 없었으니
진세塵世에서 못 다한 꿈
말없이 접어두고
땅 밟고 살기 부끄러워
뱃길 따라 흐르다가
인간세상 짙은 티끌
선계仙界에 묻었는가

부용동 깊은 골짜기
씻은 듯 맑은 정자에
높은 뜻 두었는가
귀양살이 고달픔을
회수담에 놓았을까

남해바다 굽어보는
격자봉 옥수암엔
선녀들의 탄금소리 울리고,
동대 서대 판석 위엔
군학들의 아름다운 춤사위 어우러져,
세연지 연못가엔
어부들의 노래 소리
사철 흥겹게 들려온다.

정림사지 오층석탑

사비도성 단탑가람 정림사
금당 앞 넓은 마당
한 가운데 우뚝 선
5층석탑.

망국의 한 되새기며
천년 세월 꿋꿋하게
옛 모습 간직하니
백제인의 고고한 숨결
살아 있는 듯 생생하다.

일곱 자 고려척으로
너비와 높이, 등할의 비례미比例美
장중하고도 우아한
탑파의 극치

옅은 경사 따라 길게 뻗어 내리다가
네 귀에 이르러 살짝 치켜 올린 얇은 지붕돌
안쏠림과 민흘림의 모서리 기둥돌
돌 하나 하나 목가구 끼워 맞춘듯
백제인의 돌 다루는 솜씨
천인의 재주인들 이보다 더할 쏜가!

아름다운 이 탑에
이민족異民族의 검은 손 닿았으니
전승기록 남기라는
당나라 장수 소정방의 불같은 호령에
백제석공은 떨리는 손으로 1층 몸돌에
대당평백제국비명大唐平百濟國碑銘이라 새겨
흩어진 백제사직을 피눈물로 남겼다.

망국 백성의 깊은 원한
탑신 층층마다 배어들어
오명 쓴 석탑은 더욱 견고해지니
치욕을 딛고 인고의 시간 보내며
숭고한 모습으로 의연히 서있다.

봉정암鳳頂庵

구절양장 백담계곡
굽이굽이 돌아들어
가쁜 숨 몰아쉬며
소청 턱밑 올라서니
하늘 아래 가장 높은
봉황의 정수리에
앉은 부처님 집
봉 정 암

자장율사 초창하고
원효대사 중창하니
넓적바위 기단위에
우뚝 솟은 오층석탑

가로 한자 세로 석자
줄금 그은 요사채에
새우등 잠자고
진신사리 모셔진
적멸보궁 친견親見하니
영롱한 광채가
설악을 뒤덮는다.

용아장성 마주하고
공룡능선 굽어보며
일성갈파 삼천세계
풍진세상 쌓인 티끌
천상으로 사라진다.

세찬 바람 이겨내고
고행길 가는 순례자
삼대의 선업善業 쌓아야
오를 수 있다는
설악산 봉정암.

제2부

아름다운 산하

양평 두물머리

강원도 금룡소에서 발원한 남한강과 금강산에서
물길 이어진 북한강이 머리를 맞대는 곳
두-물- 머리

한양가는 뱃길, 뚝섬과 마포나루까지 하루 남는 곳
옛 사람은 여기를 양수두兩水頭라 불렀다.
황포돛배의 마지막 쉼터,
궁궐 지을 재목을 엮은 정선, 단양의 뗏목 운반선
거친 물결 헤치고 여기에 이르면 뗏군들은 안도의 한숨을 쉰다.

아름다운 두물머리에 서면 선계仙界에 온 듯 정신이 몽롱하다
고요한 수면에 자욱한 새벽 물안개가 뭉개 뭉개 피어오르고,
안개 사이로 펼쳐지는 장엄한 일출, 해를 강에 푹 담가 놓은 듯
강 속에 해가 있다. 부지런한 어부는 뱀섬에 쳐 놓은 그물에서
펄펄 뛰는 고기를 건져 올린다.

한강 8경 중 제1경, 진경산수의 대가 겸재 정선은
족잣여울의 아늑함에 취해 독백탄獨栢灘을 그려 올리고
청북어사 이건필은 두강승류도를 그렸다.

발길 닿을 때마다 새로운 모습으로 다가오는 두물머리는
언제 보아도 가슴 벅차오르는 강이다
400년 전설 품고 이 강과 함께 살아온 아름드리 느티나무,
민초들의 소원을 들어주는 신통력을 가졌다.

오늘 늙은 부부는 아들, 며느리, 손자 데리고 두물머리에 서서
두 강이 합치듯 남과 북이 하나 되기를 이 느티나무에게 빌어본다

간월도看月島

태안반도 천수만 한 자락에
큰 배 하나 떠 있는 듯
섬인가 뭍인가,
밀물에는 바다요
썰물에는 육지로다.

이 섬에 서려있는
무학대사 연기설화,
어머니의 애타는 정
하늘까지 닿았던가
눈 속에 뉘어둔 핏덩이를
쌍학이 날아들어
큰 날개로 감싸니
그 목숨 되살아나
무학舞鶴이라 이름 짓다.

이 섬 큰 바위 굴속에서
면벽수도 정진 중에
바다 수면 저 너머로
찬연히 떠오르는 달 보며
문득 깨친 삶의 진리

간월도의 정기 받아
나라 떠받치는 기둥 되었다.

청산도青山島

머언 먼 남녘 섬
느림보 마을
청 산 도
태초의 고요가
깃들여 있는 곳
삶이 고달픈 자
여기로 오라.

이곳은 아직도
원시의 순수를 간직하고 있으니
넓적돌 깔고 찰흙 발라
구들장 논에 물대고
바지게 소쿠리에 두엄 나르며
굴레 쓴 황소가 쟁기를 끈다.

청산도의 시계는
아주 느리게 간다.
느림우체통에 편지 부치면
일년이 지나야 소식이 간다.
천천히 초분草墳으로 돌아가는
청산도 사람들은
가장 늦게 피안에 이른다.

유채 들판 가로질러 울퉁불퉁 황톳길엔
서편제 노랫가락 구성지게 들려오고

청보리밭 언덕 위엔 봄의 왈츠 울려 퍼진다.
푸른 바다, 푸른 산
슬로 시티 청산도는
내 마음의 시간을
붙잡아 둔다.

느림의 아름다움을 간직한
청 산 도
오늘도 따사로운 햇볕 받으며
졸리운 듯 눈 비비고 있다.

남해 금산錦山

남쪽 끝 쪽빛 바다
점점이 찍혀있는 다도해 굽어보며
봉우리마다 바위마다 아름다운 전설 품은
남해 제일의 선경,
금산.

이 산 골짜기와 봉우리의 서른 여덟 비경은
별유천지 신선이 노니는 곳.
원효, 의상 수도하던 좌선대에 앉으면
하늘과 산, 그리고 내가 하나가 된다.

인간 세상 고뇌 벗고 해탈의 길 들어서는
보리암의 일주문 같은 쌍홍문
무지개굴 지키는 수문장처럼 듬직한 장군암
불력으로 금산을 수호하는 법왕대
천인단애 높은 벼랑 우뚝 선 만장대
유배 길 진시황 태자의 한 서린 부소암
주인 딸 연모한 머슴의 슬픈 사랑 담긴
상사바위와 구정암
가장 오래된 최남단 장방형 돌담 봉수대
멀리 지리산을 바라보는 망대
제석봉
일월봉
.
.
어디 이 뿐이랴,
산 아래 상주해수욕장의 수 만년 씻겨온
눈부신 은빛 모래 손에 잡힐 듯 반짝인다.

이태조 100일 기도 정진하여
제왕의 꿈 이루니
아름다운 보광산에 비단 입힌 듯
금산이라 이름 짓다.

웅장한 대장봉 아래
조선3대 해수관음도량 보리암이 자리하고
산 꼭대기 문장암 버선바위엔 한림학사 주세붕이
'유홍문 상금산由虹門 上錦山'이라 새겨
대학자의 발자취 남겨두었다.

속리산 문장대

속리산 꼭대기 커다란 암봉
하늘 높이 치솟아 구름 속에
가려 있어 운장대雲藏臺라 불리다가
세조왕 여기 올라 경전을 읽었다하여
문장대文藏臺라 일컫다.

수십 계단 수직의 철사다리 타고
겨우 너럭바위에 발 내딛으면
천상세계에 오른 듯
산과 하늘과 내가 하나 되어
구름을 가슴에 두르고
하늘을 머리에 인다.
수억 년 풍상에
바닥은 공룡 앉은 자리같이
움푹 움푹 파였다.

등성이 아래에서 칼바람이 몰고 오는
세찬 물안개가 얼음알갱이로 변해
마구 얼굴을 할퀴고.
태풍의 눈 속으로 빨려들 듯
몸은 허공에 뜬다.
거북등처럼 납작 엎드려
손과 발을 바위에 붙이고 짐승같이
엉금엉금 기어 다녀야 한다.

여기 겸허함을 일깨우는 곳
세속과 떨어진 고요한 속리산에
이렇게 무서운 곳이 있었던가!

문장대에 오르기 전에는
아무도 하늘이 무서운 줄
알 수가 없다.

송파나루松坡津 옛터에서

한강 샛강 송파나루
줄지어 떠 있던 황포돛배 위
옹기종기 앉았던 갈매기들은
어디로 가고

오늘,
샛강은 석촌호수 되고
송호정松湖亭 기와 너머로
물새 한 마리 날다.

나루 건너 삼밭엔 칸汗의
핏발서린 공덕비 세워졌다.

남한산성 몽진한 임금,
백성 목숨 구하려고
삼전도 언덕 위에 수항단 쌓아올리고
홍타이지 큰 칼 앞에 줄줄이 엎드리다.

청태종 강포强暴로 항복문서 바칠 적에
어느 뉘들 굴욕 역사 쓰고 싶었으랴,
글 쓴 손 부끄러워 바위로 내리찧고
붓을 던졌다.

지금은 석촌호수로 변한 송파나루와 삼전도 청태종공덕비.
칸, 홍타이지, 청태종은 같은 사람. 마천루는 555m의 월드타워.

여섯 갑자 지나옴에 송파나루엔
하늘 찌를 마천루가
삼전도 굴욕의 비碑 내려다본다.

신라 진평왕릉眞平王陵

경주 보문길 따라 이어진
넓은 녹색 들판 한 가운데
굵직한 노거수 울타리 삼아
고요하고 평온하게 자리 잡은
아늑한 평지무덤, 신라 제26대
진평왕의 단아한 유택幽宅.

진흥대왕의 장손자 백정,
팔척 장신의 광채어린
계림의 훤훤 장부
반백년 왕좌를 지키며 삼국통일의
기반을 다진 후 조용히 눈감다.

찾는 이의 마음을 편안하게 해주는
임금님의 안식처.
남쪽 낭산의 도리천을 지키는
아리따운 딸 덕만을
다정스레 바라보고 있다.

해질녘,
상석 앞 구부러진 소나무 가지 끝에
걸린 석양을 보노라면
뼛속까지 스며있던 온갖 욕망, 번뇌
한꺼번에 녹아내린다.

보문 들녘 진평왕릉엔 사시사철
영혼을 맑게 하는 바람이 불어온다.

남해 독일마을

남해 삼동 물건리 언덕
초록바다와 빨강 지붕이
아름답게 어울린 곳
광부로 간호사로 독일나라 건너가
조국의 경제발전 초석을 다진
독일 거주 교포들의 모국 안식처
독일마을.

저 언덕 아래 물건리 초승달 모양의
초록색 방조어부림, 그 너머 쪽빛 남해바다,
언덕 위 빨간 지붕이 어우러진 장난감 같은 마을.
이곳에 오면 내 마음에 쌓인 오래 묵은
찌꺼기들이 모두 씻겨나간다.

광복 후 6.25 전쟁 거치며 하루 한 끼 겨우 먹던
보릿고개의 나라 대한민국
경제건설 자본 없어 이 나라 저 나라에
돈 빌리러 다닐 때,
광부와 간호사로 외화벌이 나선 우리의 젊은 피
60년대의 산업역군
이들은 차관을 빌리는 보증인이었다.
수천 미터 땅굴에서 목숨 걸고 석탄 캐낸 광부,
진물 흐르는 노인병원에서 정성들여 환자 돌보던
백의의 한국낭자,
억척같은 한국 젊음들의 기백
마침내 독일인의 가슴을 감동으로 적시니
우리나라 경제부흥의 밑거름 되다.

조국은 한강의 기적 일어나고 경제부국 이루니
50년 전 이국땅에서 피땀 흘린 청춘들
그리운 고국으로 돌아와 여기 남해의
아름다운 섬마을 언덕에 그림 같은 집 짓고
남은 날들 보내다.

우리를 위해 빛과 소금이 되신 님들
여유로운 삶 누리소서
웃음의 날,
행복의 날 보내소서
이제 우리들이 보살피리다.

월악산 영봉靈峰

천년 사직 내어주고
망국의 한 간직한 채
길 떠나는 두 남매.

문경 새재 고개 넘어
월악에 이르러
영봉靈峰에 걸린 달 쳐다보며
신라 재건 발원하더니,

마의태자는
미륵사의 돌부처 되고
덕주공주는
월악사의 마애불 되었다.

천년 세월 흐른 후
월악산 영봉위로 둥그렇게 뜬 달이
충주호 푸른 물에 훤하게 비쳤으니
민족의 염원인
남북통일 이룰 날도
멀지 않으리.

섬진강 蟾津江

전라도 진안 팔공산에서 발원하여
지리산 남쪽 골 경상도 하동으로 구비치며
남해바다로 흐르는 긴 모래가람
섬 진 강

옛 가야와 백제가 만나고 또 신라와 경계를 이룬 강
쥐라기 백악기의 화강암을 바닥에 깔고
그 위에 고-운 모래를 가득 담았네.

바다와 맞물린 남쪽포구엔
번쩍이는 은어와 털 달린 참게,
살 오른 재첩이 지천으로 널렸다.
맑은 물 섬진강엔 온갖 고기 다 있다.

노략질 하며 날뛰던 왜구들
강기슭 거슬러 오다가
캄캄한 밤중에 수십만 마리의
꽥-꽥 두꺼비 울음소리에
깜짝 놀라 먼 바다로 물러갔다니
이 땅을 지켜온 두꺼비 나루 섬진강.

해질 무렵 악양루에 올라
유유히 흐르는 강물을 바라보니,
남명선생 이 강 따라 지리산 오르고
큰 작가는 평사리 마을의 흥망성쇄를
긴 글로 남겼으리라.

하동포구 팔십 리 화개장터엔
경상도와 전라도 사람들 함께 어울려
재첩국 한 그릇에 막걸리 한 사발 들이키며
지리산 자락에 묻어둔 회포 줄줄 풀어내고
쌍계사 들어가는 십릿 길 벚꽃 터널엔
눈처럼 새하얀 꽃잎 하염없이 흩날린다.

백록담白鹿潭

성판악 첫발 디뎌 사라약수 진달래밭
구상나무 숲길 돌아 돌자갈 너덜 길을
발목이 시리도록 밟고 또 밟아

한라산 꼭대기 오르니
산-물-태양이 하나가 된
하늘 담은 큰 호수 눈 아래
펼쳐진다.

흰 사슴 탄 신선이 유유자적 노닐던 곳
옛날,
사슴 사냥꾼이 활시위 잘못 당겨
옥황상제의 옥체를 맞히니
분노한 상제가
한라산 산봉우리 뽑아 서쪽 멀리 내던져
산방산이 되었고
뽑힌 자리는 움푹 패인 채
머리 없는 산頭無山이 되었구나.

민족의 정기 담은 한라산 정상 백록담
수많은 시인 묵객
영험한 백록담을 찾았으니,
정지용은 한라산 꼭대기에서
일출日出에 혼을 빼앗기고
면암 최익현 선생은 이 호수에 올라
천지 대자연에 인간의 모습을 비춰보며
깊은 깨달음 얻었다하네.

다시 백록담에 오르면,
이 높은 산 큰 호수에
인간사 온갖 상념 다 던져 버리리라.

백도白島

한려수도 남쪽 끝
거문도 동쪽
뱃길 칠십 리

휘몰아치던 풍랑 가라앉고
짙은 안개 걷히자
쓰리디(3D) 영상처럼
눈앞에 확 다가온
거대한 돌덩어리,
무리지어 떠 있는
백악기 응회암
순백의 바위섬들.

눈부시게 하-얀 돌섬에
햇살 비치면
거울 같은 바다는 온통
은빛 물결로 출렁인다.

아!……

억겁의 인연 쌓여야
만날 수 있다는
거문도 백도.

동해 추암湫岩

남한산성에서 정동방의 동해바다
삼척과 북평의 경계에
동해안의 소금강 뾰족바위 섬
촛대바위

촛대바위 위로 붉은 아침해 떠오르면
동해물과 백두산이……
애국가 울려 퍼진다.

형제바위, 거북바위, 두꺼비바위, 코끼리바위
바닷가의 기암괴석들
넘실거리는 물결에 춤추듯 일렁인다.
파도 타고 물위를 걷는
아름다운 여인의 걸음걸이 닮았다하여
능파대凌波臺라 불리다.

정조대왕 어명 받은 궁중화원 김홍도는
명사금강사군산수命寫金剛四郡山水라 적고
동해추암 능파대를 금강사군첩에 담았으니
출렁대는 파도 속에
하늘 찌를 듯 솟아오른 촛대바위
추암의 옛모습이 오늘에도 그대로다.

바위섬 끝자락엔 공민왕의 충직한 신하
한림원사 심동로가 왕의 부름 뿌리치고
추암에 낙향하여 해암정 짓고 학동들 가르치다.

알록달록 동화속 집 같은
아름다운 추암 마을
철석이는 파도 소리 너머로
겨울연가 들려온다.

대청봉

백담계곡 깔딱고개 거친 숨 몰아쉬며
소청 중청 휘휘 돌아
설악의 맨꼭대기 대청봉에 올라서면
무수한 암봉들이 눈앞에 엎드린다.

일망무제 끝자락에 동해바다 펼쳐있고
엷은 운무 걷어내고 불덩이 같은 아침 해가
대청봉에 떠오르면,
설악은 새날을 위한 기지개를 켠다.
여명의 산꾼들 목청껏 외치고
대-청-봉 표지석에 힘찬 기운 뻗친다.

북쪽 멀리 백옥의 울산바위 늠름하게 앉아있고
서쪽 천불동 공룡능선엔
티라노사우루스의 칼등 위로 홍단풍 훨훨 탄다.

그래도 이 산엔 슬픈 역사 서려 있다.
동족상잔 비극으로 피눈물 고였으니
헤~진 군화, 녹슨 탄환
이 능선 저 골짜기 군데군데 박혀 있다.

저 불타는 단풍들은 이 산하 지키려던
귀한 넋의 현화現化인가?
전화戰禍를 딛고 다시 피는
영생의 꽃인가?

대청봉은 설악의 아픔을 묻고
언제나 말없이 서 있다.

대청봉

낙화암 백화정百花亭

쓰러지는 백제 지키려
성충, 홍수 충신들
의자왕에게 죽음으로 간언하고
계백장군 5000결사대
나당연합군 맞아
황산벌에서 최후결전 하였으나
장렬히 산화하니

칠백 년 백제 사직
고목 넘어지듯 무너지다.

삼천궁녀 일편단심
부소산 층암절벽에 올라
치마폭에 얼굴 묻고
백마강 푸른 물에
나비처럼 꽃잎처럼
훨~훨 날아 떨어졌느니

세월 흐를수록
강물은 더욱 푸르고
백제여인의 고귀한 넋
낙화암 백화정에
천년송千年松으로 태어나다.

百花亭

영광 법성포法聖浦

간다라의 대승불법
동진 거쳐 백제에 도래하다.
영험한 빛의 고을
영광靈光 아무포에
성인이 불법을 전하니
이름하여 법성포라.

마라난타 대덕존자
전법의 그 발자취
그윽하고 맑은 향기
옛그대로 남았으니
찬란한 백제 불교
예서 싹을 틔웠구나.

상전이 벽해되고
봉래물길 얕아져
출렁이던 포구물결
세월 따라 바뀌니
북서계절풍 막아주는
천혜의 항구 되었다.

시도의 늙은 살구나무
붉디붉게 꽃피고
구수산 철쭉 꽃잎
뚝 - 뚝 떨어져
일곱 섬 앞바다를
벌겋게 수놓으면

칠산바다 참조기들
붉은 물빛에 도취하여
떼를 지어 춤추면서
우웅 우웅 울음 우니
돌아온 조기 파시波市
포구의 어민들
탄성이 절로난다.

소금에 절이고 바닷바람 쐬어
천하진미 굴비屈非되니
임금님 수랏상에
으뜸으로 오르다.

천년 세월 법성포구
영광굴비 본 고장으로
옛 명성 되찾았다.

예천 회룡포回龍浦

비룡산 장안사 지나
회룡대에 올라보니
승천하던 용의 꼬리
강바닥을 쓸고 간 듯

천길 단애 절벽아래
구비치는 내성천
회룡마을 휘감아
삼강으로 흘러든다.

바닥 훤히 다 보이는
쪽빛 맑은 물
사금파리처럼 눈부신
뽀-얀 모래톱

뿅뿅다리 건너면
가을동화 꿈꾸는
육지속의 작은 섬
물돌이 마을.

여수 향일암向日庵

돌산섬 끝자락에
바다품고 해를 향해
중생제도 서원하는
남해제일 관음도량.

원효대사 좌선중에
관음보살 친견하고
좌선대라 이름하니
해수관음 성지로다.

해탈석문 돌아나가
원통보전 들어서면
남해바다 쪽빛 물결
가슴가득 출렁인다.

경전을 펼친 듯
흔들바위 비껴있고
기암절벽 사이사이
울창한 동백숲은
신선의 경지로다.

제 3 부

지켜야할 강토

고성 통일전망대에서

금강산 만물상, 채하봉, 집선봉
바다 향해 내달린 구선봉
하얀 파도 밀려오는 해금강 바라보며
남북이 하나 될 그 날을 기다리는
동해안 최북단의
고성 통일전망대.

동해의 푸른 물결 옆구리에 끼고
육로와 철로가 나란히 놓였건만
민족의 한 서리서리 엮인
군사분계선 가로 놓여
갈 수 없는 북쪽 산하.

이천 년 하나였던 이 강토가
반백년 넘어 쪼개어져 있으니
내 조국 이 강토를 어느 누가 갈랐는가
안타까운 겨레 마음 하나로 뭉치니,

통일동산 언덕위엔
성모마리아
분단 설움 씻어주기를
두 손 모아 간절히 기도올리고,
민족의 통일 염원하는 미륵불
피멍 든 북녘 땅을 그윽이 굽어본다.

어이하여 우리가
동존상잔 원죄 짓고
카인의 후예로
분단역사의 오명汚名을
짊어져야 한단 말인가?

이 목숨 다 바쳐
조국의 통일을
기필코 이루어낼지니.

호미곶 청보리 언덕

우리나라 동남단 호랑이 꼬리,
새해 아침 해가 가장 먼저 떠오르는 곶
한반도의 기맥이 살아 움직이는
포항 영일만 호미곶虎尾串.

동해바다의 싱그런 몸짓을 향해
호미곶 언덕의 출렁이는 초록 물결
구만리 허릿등을 온통 뒤덮는다.
녹색 들판의 춤추는 청보리 물결이
하늘빛 봄 바다의
넘실거리는 파도와 어우러지면
황홀한 봄의 향연이 펼쳐진다.

청보리 언덕은
시인들의 가슴을 뜨겁게 달군다.
한흑구 선생은
한 겨울 칼바람 맞고도
꽁꽁 언 대지를 헤치고 꿋꿋이 올라오는
보리의 강인함을 노래하였고,
이육사 시인은
암울했던 일제시대에 조국광복을 기다리며
이 언덕에서
7월의 청포도를 노래하였다.

언덕 저 아래 새천년 광장에는
이천년 전 신라의 제철인製鐵人 연오랑과
베짜는 여인 세오녀의 애잔한 만남이

상생의 손과 더불어
불덩이 같은 아침 해를 맞는다.

호미곶 청보리 언덕은 내 마음의 안식처,
나를 반겨주는 울타리 없는 초록 평원이다.
청보리 언덕은
호랑이의 꼬리를 덮고 있는 융단
호랑이의 힘은 꼬리에서 나오느니,
언젠가 긴 꼬리 한 번 크게 치는 날
융성한 국운으로
갈라진 반도는 마침내 하나가 되리라.

심우장尋牛莊

성북동 성벽 넘어 산비탈에
아담하고 조촐한 만해선사의 북향 집
심 우 장

조선 총독부 마주보기 싫어
등 돌려 집 짓고
일본 제국주의의 식량배급 거부하며
끼니 거르더니
떠난 님 돌아옴을 끝끝내 못 본 채
조국 광복 눈앞에 두고
굶주리며 눈감은 의로운 투사,

'대장부 가는 곳은 어디나 고향이요,
눈발 속 복사꽃잎 조각조각 날린다'는
님의 오도송悟道頌

빼앗긴 조국을 그토록 그리워하며
민족혼 일깨우려 피 끓는 울분 참고
님의 침묵을 노래하였다.

어언 광복 70주년을 맞았으니
님이 거닐던 산책길엔
온 국민의 발길 이어지고
심우장 안뜰에도 종일 따뜻한 볕이
들겠다.

가거도可居島

도초 비금 흑산도 거쳐
대한민국 최서남단
바람소리 파도소리에 묻힌 섬

고요한 새벽녘이면
멀리 중국 땅의
닭 우는 소리, 개 짖는 소리
간간이 들려오는
절해의 고도孤島.

이 섬 사람들은 세상을 잊고 산다
인간들로부터 패인 아픈 가슴이 없다
6.25의 상처도 이념의 눈물도
이 섬은 알 바 없다.

깎아지른 칼바위엔
쇠뿔오리, 바다제비 둥지를 틀고
천리향 가득한
독실산犢實山 골짜기엔
이 섬 지켜주는 후박나무 뒤덮히고
이끼 낀 절벽 사이엔
수백 년 이어온 풍란이
보라색 꽃망울을 터뜨리며
태초의 고고함을 자랑한다.

망망대해 한가운데
외로운 섬 가거도는
사람에게 부대끼지 않는
살 만한 곳이다.

충주 탄금대彈琴臺

천하 물맛 으뜸가는 달래강과
구비치는 남한강이 어우러지는
합수머리 안쪽 기암절벽에 우뚝 올라앉은 대문산
악성樂聖이 머물며 가야금 뜯던 곳
탄 금 대.

솔향기 짙은 이 언덕에
깊은 역사의 한 서려있다.

꺼져가는 가야국의 악사 우륵于勒
신라 땅에 귀화하여 이곳에 머물며 망국의 한 달래니
그 재주 아끼던 진흥대왕
법지,계고,만덕을 제자로 보내다.
절벽 아래 넓은 바위에 둘러 앉아
12곡조 가야금을 절절이 연주하니
듣는 사람 몰려들어 한 마을을 이루다.

임진왜란 대환란에 밀려오는 왜적 맞아
용맹한 신립 장군 8,000군사 결사대로
이 절벽을 병풍삼아 배수진 치고
빗발처럼 쏟아지는 적의 탄환에
뜨거워진 활시위 적시려
열두 번 벼랑길을 오르내리며 독려했으나
패전의 아픔 묻은 채
짙푸른 강물에 몸 던져 장렬히 전사하다.

내선일체 주장하며 창씨개명 강요하는
잔악한 일제에 항거하여
감자꽃 시인 권태응은,
- 파보나 마나
자주꽃 핀건 자주감자,
흰꽃 핀건 하얀감자… -
꺾이지 않는 민족혼을 노래하였다.

국토의 요충지 충주 달천의 물맛 되살아나고
우륵선생, 신립장군, 우국시인의 한
모두 삭인 탄금대.

역사의 아픔 딛고 일어나
유유히 흐르는 남한강을 끌어안고
의연히 거기에 있다.

창녕 진흥왕순수비眞興王巡狩碑

사통팔달 낙동강 낀
험준한 요새 화왕산 자락에
받침돌,지붕돌도 없는
화강암 자연판석 몸돌에
642글자 새기고 윤곽선 그려놓았다.

17관등의 신라,가야 42수행원 모아놓고
율령을 준수하여 점령지 하주下州 백성들을
잘 보살피라는 대왕의 포용력 밝히니,
한반도 동남부 변방의 작은 나라
신라는 드디어 약소국의 허물을 벗고
중흥의 시대를 맞이하다.

법흥왕의 대통 이어 불법을 펼치며
삼한일통의 큰 뜻 품어
약관의 나이로 개국연호 선포하고
마운령, 황초령, 북한산,
남정북벌 반도를 누비며
삼국통일의 기반을 닦았다.

발길 닿는 곳은 모두
대왕의 땅이 되었으니
동방의 늠름한 영웅, 진흥대왕의 모습
여기 비사벌 옛터 창녕벌판에
역사로 우뚝 서 있다.

신안 천일염전

초록과 분홍의 모자이크
빨갛게 익은 퉁퉁마디
분홍빛 함초 밭 사이로 난
꼬불꼬불 물길을 따라
말간 바닷물이
흑백의 밭에 가득차면
업보의 바위 굴리는 시지프스 마냥
늙은 염부의 하염없는 발 물레질 이어진다.

이글이글 타오르는 태양의 열기 위로
산들바람이 기운을 더하고
써래질하는 일꾼의 굵은 땀방울마저
함께 녹아내리면
그제야 한 줌의 알갱이
눈부신 백색결정체가 탄생한다.

시인은 염원한다.
분단 전 아버지는
팔도를 떠도는 소금장수였나니
남북통일 이루면 다시 태어나
청청한 소금장수 되시라고.

소금은 세상을 바꾸는 힘이 있나니
너희는 세상을 구원할
한줌의 소금이 될지니라.

동피랑

수군통제영 동포루
통영 뒷산 동피랑엔
어릴 적 내 꿈이 그려져 있다.

엉덩이 반쯤 까고
따따따 주먹손 나팔 불며
온 동네 휘젓고 다니던
내 동무들의 해맑은 웃음이 살아있다.

쌀 한줌 보리 한 되로
온 식구 하루 때우던
우리들은 모두 가난한 개구쟁이들
수업 마치면 미국나라 강냉이 죽
한 그릇 뚝딱 먹고

책 보따리 던져둔 채
마대걸레 집어 들고 유리창 닦는 순이,
크로바 잎사귀 토끼풀 뜯는 영희,
채송화 봉숭아 꽃밭 가꾸는 철수,
양초 동가리 들고 반짝반짝 바닥 빛내는
오줌싸게 돌이,
우리들은 모두 일등 어린이.

머리 위 파란 하늘엔
솜털 구름 여기 저기 날아다니고
운동장 느티나무 아래엔
사막의 어린왕자가

마술피리 불면서
여우와 뱀에게 행복 노래 들려준다.

아이들만 사는 이곳은 내 마음의 고향
동피랑 바람벽엔 내 꿈 고스란히 담겼다.

통도사 자장암通道寺 慈藏庵

영취산 자락 한국 제일의 법보사찰
통도사 산문 서쪽
신라고승 자장율사 수도하던 자장암.
석벽 아래 손가락 크기의 작은 구멍
그 안에 천년 된 금개구리 살고 있다.
1400년 긴 세월 이 절을 지키니
세상 사람들 일러 금와보살金蛙菩薩이라 한다.

바위 속 흐르는 석간수石間水에 첨벙대던 개구리
자장율사 신통력으로 높은 바위에 구멍 뚫고
그 속에 넣어 살게 하였으니
몸은 청색, 입은 황금색, 한 쌍의 개구리
벌이 되기도 나비가 되기도……변화가 무상하니
자장율사의 환생일까,
긴 세월 함묵하며 무엇을 기다리는가?

불심 깊은 사람에게만 그 모습 보이고
한 가지 소원을 들어 주신다니,
고달픈 중생들 한 무더기 소원 품고
그 신통한 보살 뵈러 줄지어 기다려
까치발 딛고 구멍 속을 들여다본다.

마음 맑은 사람 금와보살 친견하여 싱글벙글 웃고
마음이 어두운 자 못보고 뒤돌아서며
'오늘은 비가 와서 안 계시나보지?
절 마당에 '로또1등 당첨 비옵니다.'
라고 써놓고 힘없이 돌아간다.

암혈 속 금와보살은
인간세상의 만물유전을 다 들여다보고 계신가보다.
산세 좋은 통도사 자장암엔
금와보살 만나려는 사람들로 오늘도 북적댄다.

외도外島 파랑새

파랑새를 찾으러
외도에 갔다.

비너스 정원을 지나
천국의 계단 너머
동쪽 끝 벼랑에 앉아
부리를 쪼아대고 있었다.
보란 듯이,

살며시 다가가자
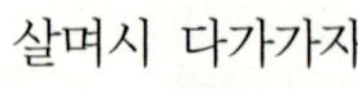

왜 이제 왔느냐고.

짐짓 그리움 삭이려
머리 한 번 크게 들어
돌바위에 내리찧고는

저 바다 건너
해금강 쪽으로
날아가네.

그림자를 안고 돌아왔다.

어디에 있을까
파랑새는

·
·
·
내

·
·
·
가슴속에?

은을암隱乙巖

가난하고 힘없는 외톨이 나라
고구려와 일본에 왕자 볼모로
보내고 서러워하는
서라벌 나랏님.

신라왕손 박제상朴堤上은
왜국 사신 자청하여
미해왕자 구해내고,

신라의 개돼지 될지언정
왜국신하 되기 싫어
갈대밭 불벼락에
장렬히 산화하다.

남편 그리움에 사무친 김씨부인
날마다 두 딸 데리고 치술령 올라
동해바다 바라보며 오매불망 기다리다
꽃잎 지듯 쓰러지니
그 몸은 돌로 변해 망부석 되고,
영혼은 새가 되어 바위틈에 숨었다.

국수봉 은을암엔 국대부인 혼령이
피울음 우는 새소리 되어
밤마다 들려온다.

운문사 반송盤松

운문사 앞마당 처진 소나무,
시집가는 새색시가 비단치마를
살포시 들었다 내려놓은 듯
커다란 초록우산 펼쳐져 있다.

나 어릴 적
삶은 밤, 주먹김밥 도시락 들고
소풍 가던 곳
쟁반 닮은 소나무 그늘 아래
둥그렇게 들러 앉아
노래 솜씨 뽐내던 곳.

임진왜란 난리 중에
어느 큰 스님이 꽂아 둔
지팡이 하나
운문산 호거산의 비호 받으며
무럭무럭 자라더니
수 백의 가지들을
아래로 드리운 채
아름다운 자태로 평온하게 서 있다.

해마다 삼월 삼짇날
열 두말 막걸리 공양 받으며
부채살처럼 옆으로 옆으로 퍼져나가
수 천의 손길을 지닌 자비로운 나무 되었다.

허물을 덮어주는
인정 많은 나무
우리들 가슴을
포근하게 감싸주는
부처님 같은 나무.

500년 긴 세월
거센 바람, 눈비 맞고도
운문사 반송은 흔들림 없이 서 있다.

삼강나루터

회룡포 휘돌아 내성천 흘러오고
문경새재 발원하는 금천물 내달아
하회마을 거쳐오는 낙동강과 합하니
세 줄기 물길이 삼강으로 모여든다.

새벽 첫 나룻배 함께 탈
과거보러 한양가는 시골 선비들,
소금장수, 방물장수, 떠도는 등짐장꾼들,
삼강나루 주막에 봇짐 풀어놓고

인심 좋은 주모가 건네주는
걸쭉한 막걸리 한 사발씩 나누면
각박한 세상인심 눈 녹듯 따스해지고
밤 되면 낯모르는 사람끼리
호롱불 마주하고 도란도란
이야기 보따리 풀어헤친다.

큰 다리 놓인 뒤에
다시 삼강나루 찾으니
뱃사공도 보부상도
나루터 일꾼들 품삯 저울질하던 들돌도,
자취 없이 사라지고
주막은 허물어져 덩그러니
빈 솥 하나 걸려있다.

그을린 토담벽엔
부지깽이로 긁어내린
뱃사공들의 외상장부 작대기
희미하게 보일 뿐

칠백 리 낙동강의 마지막 나루터
갑술년 대홍수로 모두 쓸려나가고
오백 살 먹은 회화나무 한 그루만
오늘도 삼강나루터 지키며 무심히 서 있다.

한산도 제승당制勝堂

꺼져가는 국운을 되살린 영웅
충무공 이순신 장군이
학익진 펼쳐 한산대첩 이루어낸
천혜의 요새,
삼도수군 통제영
한산섬 운주당運籌堂.

연전연승 불패의 작전지휘부
그곳은 언제나 열려있는
소통즉생疏通卽生의 방
천자총통 지자총통 불 뿜는 거북선
아름다운 한산바다 왜적의 피로 물들다.

23전 23승
세계의 해전 역사에 길이 빛날
승리의 산실,
싸우면 이기는 집이라 하여 후세인은
제승당制勝堂이라 부르다.

올 곶은 자세로 정의를 구현하다
시기와 질투로 미관말직 전전하며
변방을 떠돌던 외로운 무관
이순신
서애선생 천거하고 약포선생 후원하니
난세의 영웅 지키려는 하늘의 뜻이로다.

왜적의 간계에 속은 조정朝廷
공의 신책神策 알길 없어
적진으로 몰아넣으니
한산섬 달빛 아래 수루에 외로이 앉아
나라의 운명을 두고 고뇌하는 그 마음
누가 알 수 있었으랴.

성웅聖雄의 혼이 우리를 돌보는 곳
제승당
말없이 한려수도를 지키고 있다.

강화도 용흥궁

문예부흥 황금시대
어진 임금 붕어하고
외척들 세도정치에
바람 앞의 등불처럼
흔들리는 왕족의 운명.

영묘英廟의 외로운 혈손
대역죄에 얽혀들어
14살 어린 나이에 강화도로 유배되니
그 이름 강화도령.

섬처녀 봉이 만나 첫사랑 나누며
농사짓고 나무베던 더벅머리 총각
봉영의식 행하러 복명어사 찾아오자
금부도사가 사약들고 별안간 온 줄 알고
땔 나무하던 뒷산으로
혼비백산 달아나다.

끊어진 왕통이어 보위에 오르니
발빠른 강화유수
도령 살던 삼간 모옥에
번쩍이는 기왓장 올리고
용흥궁龍興宮이라 부르다.

龍興宮

환구단圜丘壇

제국주의 이권경쟁 끝없이 치달릴 때
열강의 틈바구니에 시달리며
바람 앞의 등불처럼 흔들리던 조선국
그래도
1897년,
처음이자 마지막으로
황제의 나라 되었다.

오랜 속방의 설움 씻고
세계의 중심에 당당하게 서리라 다짐하며
소공동 중국 사신 숙소 헐어내어
천자가 하늘에 제사지내는 환구단 세우고
대한제국 황제의 즉위식 올리다.

고종황제 상량문에
 - 황천상제께 고하나이다.
상제님께,
정성을 다하여 상량하오니 국운이 장구하여
만민이 복되게 하여 주시기를 기원하나이다. -

그것은 우리들에게 한 여름밤의 꿈이었던가,
해일처럼 밀려오는 외세의 거친 물결
숨겨진 일제의 야욕 그 이빨을 드러내다,

환구단 뜯어내어 그 자리에 경성철도호텔 짓고
황제의 제천단祭天壇은 호텔 정원 만들었으니
한 모퉁이 자투리 터에 하늘신 위패 모신
황궁우皇穹宇만 덩그러니 남아있구나!

포항 죽도어시장

캄캄한 어둠을 뚫고 여명을 알리는
오징어배 가자미배 문어통발배가
줄지어 들어오고
어판장 새벽 경매 종소리 울리면
죽도시장은 아침 기지개를 켠다.

허~어~이 허~어~이 딸랑 딸랑
칠 처~ㄴ, 허이 칠천 원.
우이 우이 딸랑 딸랑
워-이 8번 헙.

아침 어시장은 상처주지 않는 전쟁터다.
어판장 시멘트 바닥에는
여기 저기 톡톡 튀는 오도리 닭새우,
퍼덕이는 고등어,
굵은 빨판으로 다리를 쩍 벌린 채
왕눈 부릅뜨고 대갈통만 이리저리 굴리다
구경꾼에게 쫘-악 물대포 쏘는 문어,

아이구야~ 이기 다 뭐꼬!

보이소 아지매,
미주구리 이거 마카 얼만교?
사이소 세리 어퍼가 이만원만 주이소.
수북이 올렸심더
이라마 내 남는 거 없~니데이.
새벽장 보는 길손과 좌판 아낙의
질펀한 사투리 언제나 정겹다.

KTX 개통되고
칠성천 물길 터 포항운하 열리니
동해안의 가장 큰 어시장
죽도시장은 살아 꿈틀거린다.

서울 아지매들
죽도시장에 회 묵으러 오이소.
대게 묵으러 오이소
얼릉 오이소.

제4부

문화유산에 깃든 역사

강화 보문사普門寺

강화군 삼산면 낙가산 중턱
오래 묵은 이끼와 넝쿨로
뒤덮힌 석굴사원

남해 보리암, 낙산사 홍련암,
여수 향일암과 더불어
한국의 4대 해수관음성지
강화 보문사.

신라 선덕여왕 때 한 어부가
석모도 앞 바다에서
그물에 걸려온 돌덩이 22개를
낙가산의 석굴에 모시니
석가모니불, 미륵보살, 제화갈라보살, 관세음보살
그리고 18나한상이 되었다는
전설을 품고 있다.

대웅전 뒷길 400계단 오르면
확 트인 언덕위에
서역 고승이 신통력으로 날라 왔다는
눈썹바위 있으니
그 아래의 마애불상 눈비 맞지 않도록
넉넉히 가려주고 있다.
1000명의 사람이 한꺼번에 앉을 수 있는
넓적 바위 천인대千人臺
자식을 얻고 싶은 여인네들의 발길
끊이지 않는다.

일몰의 바다,
갯벌 너머로 떨어지는 불덩이
눈썹바위에 서서 굽어보는
천하의 절경 강화 낙조,

석모도 앞바다 출렁이는 물결 사이로
천수천안 관세음보살이
빙그레 미소를 지으신다.

개심사 심검당開心寺 尋劍堂

충남 서산시 운산면
한국의 자생종 왕벚나무 가득한
상왕산 자락의 아늑한 둔덕
백제 의자왕 때 혜감국사가 초창한 이래
흥망 성쇄를 거듭해온
마음을 여는 절 개심사開心寺

대웅전 앞 스님들의 요사채
심검당尋劍堂
정면 3칸 측면 3칸에다 다시 3칸, 5칸
겹처마 맛배지붕의 덧집을 달았다.

자연의 조화를 가장 아름답게 보여주는 절집
자연석 주춧돌 위에 배흘림 기둥 세우고
구불구불 ~ 켜지 않은 원목 들보를
그대로 얹었다.
단청하지 않은 민낯의 은근함,
다듬지 않은 굽은 기둥의 수수한 자연미自然美
굴곡진 사바세계 인간들의 모습인가,
고해를 건너는 중생들의 삶이런가.

티 없는 소박함으로
대중들의 가슴을 따뜻하게 데워주는
자비의 절 개심사,
빈자의 일등一燈에도 부처님의 가피는
어김없이 내리리라.

시인은 뒤틀림의 미학을 읊조렸다.
"개심사 배롱나무 뒤틀린 가지들,
구절양장의 길을
허공에 내고 있다~."

왕벚꽃 활짝 핀 개심사는
오랜 세월 꾸미지 않은
원초적 아름다움들로 가득하다.

경주 첨성대瞻星臺

천년고도 경주의 한 가운데
당당히 서있는
신라 선덕여왕이 세운
동양에서 가장 오래된 천문관측대
 첨성대

굵직한 네모 받침돌 지면에 깔고
하늘을 향해 쌓아올린 둥근 몸체
꼭대기에는 우물 정자로 돌 네 개를
걸쳐 놓아
우아함이 아름다운 여왕을 닮았구나

사면을 자오선의 표준으로 삼고
중앙의 네모난 창 아래위의 각 12단은
일년 24절기를 의미하며
춘하추동 사계절의 기준점으로 삼았다.

1년을 상징하는 360개의 돌과
기단부와 몸체의 28단으로 쌓아
별자리 28수를 관찰하였다.

첨성대
너는 오랜 세월 수많은 지진에도 끄떡없이
그 우아한 자태를 흩뜨리지 않으니
우리민족의 생명력처럼 영원하리라.
세계 어디에도
너 같은 천문대는 없으리라

화려했던 동궁은 안압지 깊은 뻘 속에 잠기고
천년의 왕궁 반월성마저 흔적없이 사라졌건만
첨성대 너 만은 오랜 풍상에도
꿋꿋이 네 본래의 모습을 간직하고 있으니
하늘의 기운을 받고 있나보다.

1500년 밤하늘을 지켜온
우리의 자랑 첨성대
깜깜한 밤, 너의 곁에서 쳐다보는 별은
유난히도 반짝이누나.

공주 마곡사麻谷寺

충남 공주시 사곡면 태화산 자락의
깊숙한 골짜기에 자리한 아늑한 절
마 곡 사

신라 선덕여왕 때
나라의 후원으로 자장율사 초창할 때
대중이 삼대麻처럼 몰려와 마곡사라 이름 짓고
고려 보조국사 지눌이 도력으로 중창한 천년고찰,
옥 같은 계곡이 태극 문양처럼 휘감아 흐르니
이곳을 조선 십승지지十勝之地라 하였다.

마곡사는 오랜 세월
힘든 사람들을 보살펴 온 구원의 도량인가?

이 절에 서리-서리 맺힌 사연들,

대광보전 마루의 참나무껍질로 만든
30평 삿자리,
비로자나불께 백일기도 드리며
지극정성으로 자리를 짜던 좌객坐客
기도 마친 날 씻은 듯 일어나 걸어갔다나.

명성황후 시해한 일본 장교를 처단한 김구선생
사형 선고 받고 인천형무소에 옥살이 하다가
감옥을 탈출하여 마곡사에 숨어들어
김창수 본명 숨기고 원종이라 이름 짓고 사미승 되어
3년 동안 나무 베고 물지게 지며 목숨을 건지다.

계유정난으로 등극한 세조임금,
마곡사에 숨어살던 생육신 김시습을 찾아 갔으나
시습은 흔적 없어
타고 왔던 연輦*과 영산전 현판만 남긴 채
헛걸음하고 발길 돌리다.

춘마곡 추갑사春麻谷 秋甲寺
따스한 봄날, 마곡사 뒷산 백련암에 올라
저 멀리 아랫마을을 내려다보면
선계에 들어온 듯
떠나온 속세가 아스라이 보인다.

* 임금의 가마

구례 사성암四聖庵

전남 구례군 문척면 죽마리
오산 깎아지른 절벽에
백제성왕 때 연기조사 초창 이래
원효,의상,도선,진각 4성인이 수도했다는
사 성 암

일곱 개 바위가 원을 그리며
동서남북 병풍처럼 암벽을 이루고
바위 사이사이에 절집이 자리하여
산꼭대기에 오르면 사방이 탁 트이고
지리산, 섬진강, 화엄사가 한 눈에 들어오니
그 빼어난 경치,
작은 금강산이라 부른다.

마애불 앞 바위 깎아
층암 높이 긴 돌기둥 세우고
그 위에 올려놓은 약사전
금강산 보덕암을 속 빼닮았다.

선정에 든 원효대사 참선하던 좌선대,
신선이 씨줄 날줄을 그었다는 신선대,
멀리 지리산 화엄사를 향해 절 올리던 배석대,
연기선사가 아미타불로 변했다는 관음대,
도선국사 참선하던 도선굴,
도선굴 뒤편으로 돌아나가면 탁 트인 시야에
지리산 자락의 넓은 들판을 낀
부귀의 상징 99칸 운조루와
십승지지 금환지락의 명당터가 한눈에 들어온다.

절과 산이 하나가 된 사성암에 올라
굽이치는 섬진강을 내려다보면
천년의 영화와 부귀,
뜬 구름처럼 사라진다.

낙산사 홍련암紅蓮庵

강원도 양양군 강현면
남쪽 언덕의 의상대와 마주하며
동해바다 넘실대는 해안 암굴 위의
관음진신 상주처
한국 3대 관음도량
낙산사 홍련암.

화엄개조 의상대사
낙산에 이르러
입산 수도 정진 중에
진귀한 파랑새 한 마리
굴속으로 들어감에
바다 속 바위에 앉아
칠일 밤낮 기도 하니

바다에 떠 오른 붉은 연꽃
그 위로 홀연히 현신하신
관세음보살 친견하고
바닷가 층암절벽 대나무 솟은 자리에
이 작은 암자를 세우니
관음굴이라 부르다.

복지福地의 터 홍련암
홍련암 마루바닥은 바다와 닿아 있다.
삼국통일의 군주 문무대왕과
이 절 창건주 의상대사가
나라 지키는 동해의 호국용 되시어

날마다 국태민안國泰民安 발원하고
푸른 물길 따라
홍련암에 들며나며 이 강토를 지킨다.

도갑사 해탈문道岬寺解脫門

전남 영암군 월출산 자락
왕인박사 탄생지에서 구정봉 오르는 길목
울창한 노송과 대나무 숲을 지나면
신라 통고대사 초창한 이래
이 고장의 고승 도선국사가 크게 일으키고
수미왕사, 신미대사 중창한
천년고찰 도갑사가 월출산을 지킨다.

도갑사 해탈문은
속계의 번뇌를 벗고
부처님의 법계에 이르기 위해
수미산 도리천으로 들어가는
불이문不二門이다.

오묘하고도 담담한 그 자태,
우리나라 산문山門중
가장 오래된最古 건축물이다.

만다라를 상징하는 달팽이 문양의 계단 난간,
기단에는 자연석 주춧돌 놓고
배흘림기둥 위 처마 밑 헛첨차와 종도리
대들보를 받치는 포대공 장식하여
주심포 양식과 다포양식을
절묘하게 혼용한 가구架構이다.

월출산, 달마산,
천관산, 선은산
네 산이 이 절을 둘러싸고 호위하여
더 할 수 없는 풍수지리를 갖추었으니
도갑사엔 절 지킴이 천왕문을
두지 않았다.

해탈문 너머로 도갑사를 감싸 안은
월출산 능선
어릴 적 달려가 안기던
어머니 품처럼 포근하게 다가온다.

변산 채석강彩石江

전북 부안군 변산면
노령산맥의 끝자락 변산반도 외변산
선캄브리아대의 화강암과 편마암이
밑층을 이루고 칠천만년 전
중생대 백악기의 퇴적암이 빚어 놓은
신비의 선경
채 석 강

격포항과 닭이봉까지
수만 권의 책을 쌓아 놓은 듯
기왓장을 포갠 듯 켜켜이 쌓인 단애

파도가 깎아놓은 돌의 미학
퇴적의 과정들이 층마다 살아있는
세계적인 퇴적암 전시장
신의 손길로 변산반도에 펼쳐 놓은
한 폭의 수채화인가,
이태백이 강물에 비친 달을 잡으려던
그 채석강을 닮았던가!

깊숙이 파고 들어온 해식동굴은
억겁의 세월이 이루어 놓은
파도의 걸작품
운동장 같은 너럭바위는
인고의 시간 먼 바다에서 밀려온
물때가 만들어낸 장관
해질 무렵 채석강에 서면

영롱한 구름
찬란한 노을빛
용이 여의주를 토해내듯
서해바다 솔섬 사이로 떨어지는 불덩어리
해수면을 적시는 빛의 파노라마

하늘의 기운을 온몸으로 받아
내 안의 모든 기쁨과 슬픔
저 낙조와 함께 바다 속으로 가라앉는다.

선암사 승선교仙巖寺 昇仙橋

순천 조계산 자락
매화 동백 가득한 꽃대궐
선암사 가는 길목
사철 아름다운
무지개 돌다리
승 선 교

100일 기도하며
관음의 시현 갈망하던 호암대사
넓은 계곡 따라 자연암반위에
화강암 다듬은 장대석 포개어
정교한 짜맞춤으로結構
웅장한 홍예虹蜺 만들고
둥근 냇돌로 석벽을 쌓았다.

반월형 아치의 한 가운데엔
여의주 입에 문
용머리를 장식한 쐐기돌 내어 박아
힘을 모았다.

고요한 선암사에 내려온 신선
이 다리 밟으며 하늘로 올라간다
속계에서 선계로 들어가는 길
승선교
우리나라 무지개다리 중
가장 아름답고 우아한 돌다리

반달 모양의 돌다리가
냇물에 비치어
완전한 동그라미를 이루면
그 안에 강선루降仙樓가 들어온다.

달빛 휘황찬란한 밤이면
사바중생 구원할 신선이
금방이라도 내려올 듯하다.

선유도仙遊島

군산 앞 서해바다 백리 뱃길
신선이 노닐던 곳
선유봉 마주하면 두 신선 마주앉아
바둑을 두는 듯,
63개 무리섬 거느린 고군산 군도의 맏이 섬
빼어난 절경의 옛 수군본영 군산진
선 유 도

중국 사신 접빈하던 해상 영빈관 송방宋房
송나라 사신 서긍徐兢은 고려도경에서
아늑한 선유도의 아름다움을 예찬하였다.

고려의 화약무장 최무선 장군이
신무기 개발하여 왜구를 대파한
진포대첩의 현장이었고
조선 세종 때에
이곳 수군본영 군산진을 육지로 옮긴 뒤
선유도는 옛古 군산진으로 남아
임진왜란 때는 조선 함대의 정박지가 되었다.

섬과 섬으로 둘러쌓여 호수처럼 잔잔한 바다에는
바지락, 가무락, 맛조개 널려 있고,
선유도 들머리 3개의 섬은
돛대 높이 달고 만선으로 돌아오는 모습 닮아
삼도귀범이라 불리우다.

방축도, 말도……
투구 쓴 병사들의 열병식 같은
해안절벽 무산십이봉,
유배 온 신하가 한양의 임금님 그리워하는
망주봉
커다란 두 개의 바위에서 흘러내리는
일곱 물줄기의 포말이
장관을 이룬다.

유리알처럼 투명한 평사낙안平沙落雁 은빛 모래톱엔
오랜 풍상 견디다 쓰러진 늙은 팽나무 누워 있고,
망주봉 가는 길목 명사십리 백사장엔 해당화 만발하니
신선이 바다 위에 펼쳐놓은 한 폭의 병풍인가!

만선으로 돌아오는 장자도 어장엔
풍어가가 울려 퍼지고莊子漁火
섬 사이로 가라앉는 붉은 해가
수면위에 일렁일 때仙遊落照
신시도 월영봉엔
신라 문장 최치원의 발길 잡았던 가을 단풍
천년 세월 흐르도록 어김없이 타오른다.

수덕사 대웅전修德寺大雄殿

충남 예산군 덕숭산 자락
백제 위덕왕 때 초창하여
고려 공민왕 때 나옹화상 중수하고
한말 경허선사, 만공스님이 크게 중창하여
선풍을 일으킨 한국불교 덕숭총림
수덕사

일주문 들어서면
경내의 가장 높은 곳에
우뚝 올라앉은 대웅전
봉정사 극락전 부석사 무량수전과 함께
고려시대 건축의 진수
1308년 세워진 한국 최고最古의 목조건물이다

정면 3칸 측면 4칸의 겹처마 맞배지붕
튼실한 부재의 배흘림기둥
2고주 11량의 담담한 자태
처마선 아래의 정교한 박공牔栱
동자기둥 받치며 보와 보를 이어주는 우미량牛尾樑
파련대공波蓮臺工의 우아함
서까래를 드러낸 연등천장
백제건축의 곡선미를 간직한
사찰 건축의 으뜸

수수한듯하면서도 높은 격조를 가졌고
화사하면서도 분수를 넘지 않은 모습
고승 대덕의 고운 숨결 은은히 배어
거룩함과 장중함으로 천년을 이어온
수덕사 대웅전의 빼어난 자태

그 정숙한 아름다움에
찾는 사람의 마음 설렌다.

수원화성水原華城

문예부흥의 군주 정조대왕
어버이에 대한 효심과
백성을 사랑하는 마음을 담아
동서양 최고의 기술과 예술로
한양 이남의 국방요새 이룩해 낸
조선후기 축성의 백미
수원화성

당파정치 억제하고 왕권을 강화하여
백성들이 잘 사는 나라를 꿈꾸던
대왕의 명 받아
초계문신 정약용이
거중기 녹로 활차를 이용해 설계하고
화원 김홍도의 예술적 감각을 더하여
재상 채제공이 감독하였으니
동서양의 기술을 총집결한 성곽의 완결체이다.

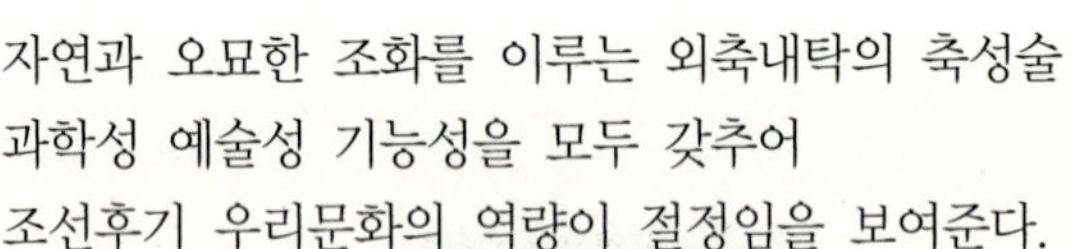

자연과 오묘한 조화를 이루는 외축내탁의 축성술
과학성 예술성 기능성을 모두 갖추어
조선후기 우리문화의 역량이 절정임을 보여준다.

수원천의 범람을 막는 화홍문,
팔달문 장안문 등 4대문
망루와 포루를 겸한 3개의 공심돈空心墩
가장 빼어난 자태의 방화수류정訪花隨柳亭
화강석과 벽돌을 함께 사용하여
축성의 새로운 기법甎石交築을 열었다.

시대를 앞당기려던 정조대왕의 포부
법고창신法古創新으로 근대화의 꿈을 펼치니
백성들의 삶을 개선하고
사람의 가치를 실현하려는 노력의 결실이었다.
애민정신으로 이루어 낸
국영농장인 대유둔전大有屯田과 만석거萬石渠는
농업경영의 혁신을 이루어냈다.
오늘날 세계 속의 한국은
경제적 풍요와 문화국가 이루어
새로운 시대를 꿈꾸던
대왕의 세상이 열린 것일까?
실학정신으로 이루어 낸
대왕의 상업적 신도시 수원화성

그 아름다움 뒤에 숨어 있는
역사의 수레를 끌던 선각자들의
피와 땀
성곽의 돌 하나하나에
흥건히 배어 있었다.

영주 부석사浮石寺

경북 영주시 부석면
태백산 자락 완만한 3단 경사지
신라시대의 전형적 사찰 터에
의상대사가 왕명 받아 세운
해동화엄종의 중심도량
부석사

온화하고 담담한 성격으로 온 마음을 다해
신라 백성들의 평안을 기도하며
아미타불을 향해 서쪽으로만 앉았던
투철한 정토신앙의 수행자
무소유를 실천하며 의복 바리 물병 외에는
아무 것도 가진 것이 없었던 의상 스님

선묘낭자 도움 받아 커다란 뜬 바위浮石로
이교도를 물리치고 부석사를 창건하니
조사당 처마 밑에 꽂아둔 대사의 지팡이
키높이 만한 비선화수骨擔草되어
1300년 세월 동안 이 절을 지켜오다.

서방정토 아미타불을 모신 극락의 전각
무량수전無量壽殿
고려 중기에 건축한 우리 민족이 남긴
가장 아름답고 오래된 목조건축물
직선과 곡선의 어울림
배불뚝이 기둥의 간결함과
살짝 치켜 올린 처마의 조화

소박하면서도 화사한 부처님의 집
여기가 바로 극락 세계이다.

거대한 2층 석축 위에 우뚝 선
천상의 누각
속세를 굽어보며
극락세계로 들어가는 길목에 서서
인간세상을 마주하는 안양루安養樓

금모루단청金毛老丹靑으로 곱게 치장한
우물마루 우물천정의 겹처마 팔작지붕
대사가 일생 동안 전심전력 수도하며
안양安養을 구하였으니
들어갈 땐 문이요 나올 때는 누각이라.

방랑시인 김삿갓
흰머리 날리며 이 누각에 올라보고,
"인생 백년에 몇 번이나 이 같은
승경을 볼 수 있을지,
풍진만사 말같이 빨리 달리는데
언제 또 다시 안양루에 오를까."
꿈같은 선경에 넋 놓고 감탄하다.

안양루에 올라 눈 아래의
소백 연봉들을 바라보면
천하의 주인이 된 듯
가슴속 응어리가 물처럼 녹아내린다.

우포늪

경남 창녕 화왕산 자락
1억 4천만년을 지키며
태고의 신비를 간직한
동물과 식물의 천국
한국 최고의 자연습지
우포늪

황와산에서 내린 물
토평천 거쳐 우포늪으로 들어와
적포에서 낙동강에 합류하니
습지는 목포-사지포-쪽지벌로 이어진다.

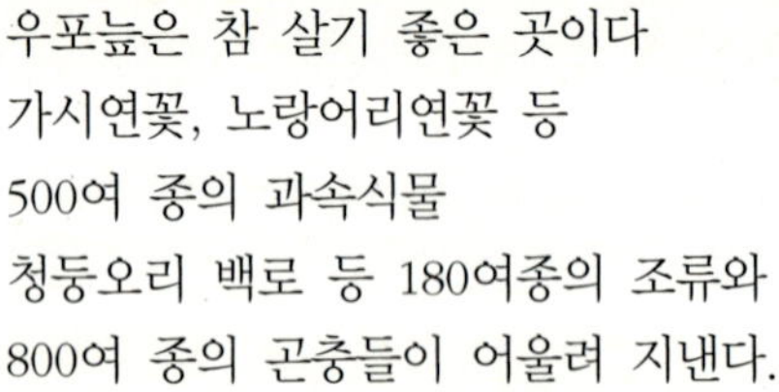

우포늪은 참 살기 좋은 곳이다
가시연꽃, 노랑어리연꽃 등
500여 종의 과속식물
청둥오리 백로 등 180여종의 조류와
800여 종의 곤충들이 어울려 지낸다.

풍부한 먹거리, 안정된 먹이사슬,
우포늪은 새들의 낙원이다.
먼 길 떠나는 철새들의 중간 기착지
겨울 철새들의 무리춤을
마음껏 볼 수 있어 좋다.

자연과 인간의 어울림
물안개 자욱한 우포늪엔
갈모 쓴 어부가 젓는 쪽배
긴 장대에 떠밀려
마름 사이를 헤치며 간다.

월출산月出山

나주평야 들판 한가운데
천년고찰 도갑사 무위사 거느리고
우뚝 솟은 남도의 영산
월출산

천황봉 구정봉 육형제봉
향로봉 시루봉 사자봉 장군봉
……
중생대 백악기 붉은 화강암의
거대한 Dome형 돌덩어리,
병풍처럼 펼쳐진 온갖 기암괴석으로
월출산은 돌들의 천국이다.

매봉과 사자봉을 잇는 바람골에
그네처럼 매달린 구름다리
안개 자욱한 날 이 다리 건너면
하늘 위를 걷는 신선인 듯하다

넓은 평지 저 너머에서
이 산위로 둥근 달 떠오르니

신라때는 월나산月奈山
고려때는 월생산月生山
조선엔 월출산月出山
달 나오는 산이라 불렀다.

암봉들 사이로
두둥실 둥근 달이 뜨면
서남해에 비친 달빛
물결따라 춤추며 바다위에
한 폭의 산수화를 그린다.

구정봉九井峰 꼭대기의 크고 작은 풍화혈
수천만 년 비바람이 깎아낸 그나마(gnamma)
가마솥 닮은 아홉 개의 우물샘 바위
그 마르지 않는 신비함
모진 세월 이겨낸
자연의 조화인가!

그 아래 높이 8미터의
마애여래좌상
천황봉 턱밑의 남근석
그 꼭대기엔 생명을 잉태하는
철쭉꽃 만발하고……

남도의 금강, 신령스런 월출산
이 산의 정기 받아
그 품안에서 나고 자란
왕인박사 도선국사 수미왕사
나라 떠받치는 기둥이 되었다.

제주 중문 주상절리柱狀節理

제주도 서귀포시 중문동
육각형의 돌기둥이 겹겹이 쌓여
성처럼 우뚝우뚝 솟아있는
30미터 높이의 해안 절벽

한라산 꼭대기에서 치솟은
1200도의 뜨거운 용암
흘러내리다가 서귀포 앞 바다에서
서서히 식어갔다.

거북등 같은 층석 위로
몰아치는 파도가
하얗게 부서지는
지삿개 해안의 주상절리

자연이 만든 최고의 비경!

검붉은 육모꼴의 돌기둥
돌기둥 사이사이에는
파랑과 풍화가 이루어 놓은 타포니
벌집처럼 박혀 있다.

중원 고구려비中原 高句麗碑

충주시 용전리 입석마을 동구 밖의 선돌
1500년을 지켜온 한국 유일의
고구려 비석
중원 고구려비

98세 천수를 누리며
5세기 동아시아를 호령하던
대제국 고구려의 태왕
장수왕

재위 79년에 걸친 남정북벌로
동북아 최대의 강역을 확보하며
삼국의 요충지 남한강 상류 충주에 세운
자연석 빗돌
높이 2.3미터의 고구려 척경비

앞면 비문 머리말에 새긴 '고려대왕'
고구려의 관등 전부대사자, 발위사자
고모루성수사古牟婁城守事,
모인삼백 신라토내당주募人三百 新羅土內幢主
광개토대왕비문과 꼭 닮은 고졸한 예서체,
신라 영토에 주둔한 고구려군이 군사력으로
신라를 통제하던 대제국의 천하관*을
명문으로 뚜렷이 남기다.

---

* 이 당시 고구려가 신라를 동이(東夷)로 칭하며 신라국왕에게 종주국으로서 의복을 하사한 것으로 보아 고구려는 천하의 중심국임을 천명하고 신라영토 내에 군사를 주둔시켜 간접적으로 통제하였음을 알 수 있다.

남한강의 범람으로
묻혔다 드러나기를 수십 번
오랜 비바람에 닳고 깎인 채
이끼에 뒤덮혀 지내온 빗글
잊혀져 가던 고구려의 역사가
이곳에 남아 마침내
그 웅혼한 삼족오의 기상이 되살아나는 듯
저 먼 우리의 옛 땅 만주벌판 되찾을
그 날을 기다리며 우뚝 서 있다.

철원 고석정孤石亭

경기도 철원군 동송읍
한탄강 흘러흘러 직탕폭포 내린 물
몇 구비 휘감아 돌면
30만년 전 오리산 용암이 빚어낸
철원 제1경 한탄강 고석정에 이른다.

신라 진평왕 고려 충숙왕이 유람하던 곳
1억년 전 북쪽 오리산에서 솟아 오른 용암의 분출
한탄강 줄기 따라 남쪽으로 흘러내려
수천만 년 이 강을 덮었다가
바람과 물에 씻겨 맨살을 드러낸
자연의 조화
조물주의 손으로 빚은 아름다운 고석정
한탄강의 역사를 지켜온 이 강의 얼굴이다.

민초들의 애환을 품은 고석정
조선 중기 의적 임꺽정의 전설이 담긴 곳
고석정 바위굴 산채를 은신처 삼고
부패한 관료들의 재물을 빼앗아
가뭄과 가렴주구에 찌들린 백성들에게
골고루 나누어 주었으니,

천재 작가 홍명희는 꺽정의 발자취를
생생한 토속적 구어체 소설로 엮어내어
사라져가던 한국의 정서를 담은
살아 있는 우리말 사전이 되게 하였다.

분단의 설움 이겨내고
남녘 사람들 오리산 찾아가고
북녘 사람들 고석의 비경 찾아올 그날까지
고석정은
이 곳 한탄강에 늠름하게 서 있으리라.

포항 오어사吾魚寺

항사리 그윽한 계곡을 끼고
운제산 자락에 터잡은 신라고찰 항사사,
이 절에 수도하던 원효대사 혜공대사가
삼킨 고기 중 한 마리만 살아나와
개울물에 헤엄치자
서로 내吾 고기魚라고 법력을 겨룬 후로
오어사라 불리어지다.

자장 의상 혜공 원효 4성인이 수도하여
4성암이라 불리다가
천년 세월 지나옴에 의상암, 혜공암은 사라지고
오어지 건너 산중턱의 원효암과
깎아지른 벼랑 위 자장암만 남았다.

오어사 유물관엔 800년 된 고려동종과 함께
1400년 된 원효대사의 벙거지 삿갓이
이 절의 역사를 어렴풋 간직하고 있다.
갈모로 만든 대사의 삿갓
헤지고 부숴져 반쪽만 남았는데
안쪽에는 다 낡은 한지를 발라
겨우 형체만 갖추고 있다.

중생을 그토록 사랑한 원효대사,
이 삿갓 쓰고 온 나라를 휘돌아
신라 땅 민중들과 함께 숨쉬며
숱한 전쟁에 찌든 중생들을 어루만져
삼국통일의 정신적 지주를 세웠으리라.

언제 누구의 손으로 예까지 전해왔을까
온갖 풍상으로 허물어진 삿갓에는
대사의 숨결이 살아 있는 듯 온기가 느껴진다.

함양 상림숲上林

경남 함양군 운림리 지리산 자락
위천강 제방 따라 6만평 넓은 터에
120여 종 2만 그루의 오릿 길 호안림護岸林
한국에서 가장 오래된 아늑한 인공조림
천년기념물 제154호 상 림 숲

상림上林은 나무들의 천국,
윗쪽엔
떡갈나무 밤나무 노간주나무 개서어나무
까치박달 느릅나무 회화나무 이팝나무
아랫쪽엔
고랑나무 화살나무 쥐똥나무
덜꿩나무 박태기나무 배롱나무

잎과 꽃이 영원히 만날 수 없는 상사화相思花
서로 다른 나무가 한 몸을 이룬 사랑나무 연리목連理木
천년千年의 숲 상림의 초목들은
저마다 아름다운 자태 뽐내며 어울려 지낸다.

신라말 천령태수* 고운 최치원 선생
해마다 강이 넘쳐 빈곤에 시달리는 백성들 위해
위천 물길 돌리고 홍수 막을 보호수 심어
대관림大館林이라 이름 짓다.
선생의 애민정신 천년을 이어오니

---

* 천령은 함양의 옛 이름. 최치원은 당나라에서 귀국하여 신라 권신들의 방해로 고위의 관직을 갖지 못하고 지방의 태수로 전전하였다.

봄의 신록, 여름 초록, 만추의 단풍, 엄동의 설화雪花
상림은 사시사철
아름다운 숲을 이룬다.

자연 사랑, 나라 사랑
선생의 높은 뜻 기리는 함양 땅 사람들
사운정思雲亭* 짓고 신도비 세워
이 숲에 발길 들이는 이들에게
사랑의 징표로 남기니
천년의 은혜에 보답하다.

* 함양군민들은 최치원의 애민정신을 높이 기려 사운정을 세웠다.

제 5 부

삶의 발자취를 따라

김광석 거리

대구시 중구 대봉동
수성천변 방천시장 따라
푹 꺼진 동네의 좁다란 골목길
폭발적인 가창력을 가진 통기타 가수
해맑은 영혼을 가는 실로 뽑아내듯
애잔하고도 정감어린 목소리로 노래하던
모던포크의 기수
김광석이 살던 곳

광석의 거리에 가면,
어릴 적 학교 앞 문방구의 추억어린 식품들
아직도 그 자리에 그대로 널려있다.
쫀드기 회오리사탕 꽃피는 솜사탕,
코 묻은 돈 주머니 넣은 채
찌그러진 국자 들고 별, 붕어, 해바라기를
깨질까 조심조심 연탄불에 녹여내는 달고나
꼬질꼬질한 꼬맹이들
해지는 줄 모르고 쪼그려 앉아 있다.

숨어 있던 우리의 추억들
새록새록 되살아난다.

낯모르는 사람이 한 대 툭 쳐도
그저 씨-익 웃으며
손을 내밀 것 같은 천진난만
때 묻지 않은 청년
광석을 사랑하는 사람들

그가 노래하던 세상을 그려놓았다.
함께 먼 곳을 바라보는 늙은 부부
아마도 광석은
예순 같은 서른을 살았나보다.

'서른 즈음에' '이등병의 편지'
노래로 세상을 바꾸리라 꿈꾸며
삶의 무게를 힘겨워하는 사람들에게
희망의 메시지를 던진
그 맑은 영혼
서른셋의 짧은 삶으로
우리의 가슴에 영원한 별이 되었다.

수성방천 뚝길 숲 그늘 아래엔
오늘도
그의 고운 마음을 닮고 싶은 젊음들
삼삼오오 발걸음 옮기며
광석의 노래를 부른다.

부산 국제시장

부산시 중구 신창동
언제나 북적대는
부산 제일의 재래시장
국제시장

광복과 더불어 철수하던 일본인들이
내놓은 전시통제물자를 마구 팔아대니
도떼기시장이라 불리다가
한국전쟁으로 피난민 북적일 때,
얌생이 몰고 온다는 암달러상까지 설쳐대고
부산항으로 들어오는 미군용품, 밀수입품
외국 물건, 검정고무신, ……
꼬불꼬불 미로 같은 골목 안
피난 온 사람들 장사에 나서
빼곡히 들어선 2000개의 점포
없는 물건이 없었으니
국제시장이라 불렸다.

북에서 내려온 가난한 사람들
고향에서 먹던 메밀 대신
밀가루 반죽으로 면발 만들어
고향의 맛 되새기며 허기진 배를 채우던
배고픈 시절의 부산밀면
전국의 명물 식품으로 자리 잡았다.

맞은 편 깡통시장은
젊은이들을 유혹하는 먹거리 천국,
어묵의 원조 부산오뎅, 수수부꾸미,
낙지호롱, 나시고랭, 비빔당면……

- 국제시장 -
영화 속 꽃분이네를 찾아
사진 찍는 길손들로 북새통을 이루고
국제영화제 광장의 영화거리는
세계인들의 발길 머물게 한다.

대구 청라언덕青羅丘

대구시 중구 동산동
세종대왕이 내려준 달성서씨 옛터 조그마한 산
계산성당에서 서문시장으로 넘어가는
고갯길 올라서면
1899년 미국인 선교사 아담스와 존슨이 세운
고색창연한 붉은 벽돌집이 서 있다.

이 집 뜰에는 대구사과의 시원목始原木이
심어져 있고 온통 푸른 담쟁이青羅 넝쿨이
벽돌집을 덮고 있으니
청라언덕이라 불렀다.

3.1 운동 때는 일제의 감시 피하여
민족의 염원을 담은 만세소리 우렁찼으니
청라언덕 90계단 길은 만세운동의 계단이었다.
언덕 아래엔 저 멀리
'빼앗긴 들에도 봄이 오기~'를 갈망한
항일시인 이상화의 옛집도 아득히 보인다.

'봄의 교향악이 울려 퍼지는
청라언덕 위에 백합 필적에……'

우리나라 최초의 가곡 동무생각思友을 작곡한
대구출신 근대음악의 선구자 박태준,

풋풋한 나이의 젊은 청년은
청라언덕 위 여학교의
흰 백합꽃처럼 예쁜 여학생을 짝사랑하여
사모하는 마음을 노래하였으나
이루어질 수 없는 사랑이었던가!

대구 근대화의 태동지 청라언덕

무성한 담쟁이들 뒤덮혀
고졸한 아름다움 간직한 채
100년을 지난 오늘도
봄의 교향곡이 은은하게 울려 퍼진다.

남원 광한루廣寒樓

남원시 천거동
정면 5칸 측면 4칸 팔각지붕의 누정
기둥과 기둥 사이에 분합문 들창 달고
처마 밑엔 쇠서牛舌와 행공첨차行栱檐遮 놓아
일출목一出目을 이룬 호남 제1의 누각
광 한 루

조선 초 남원으로 유배 간 황희 정승
처음 세워 광통루라 이름 짓고
전라 감사 정인지 중건하여
광한루라 부르다.

송강 정철은 누각 앞으로
남원을 휘감아 흐르는
요천蓼川 강물 끌어들여
넓은 연못 만들고
봉래 방장 영주 삼신산 두어
견우 직녀 상봉하는
천상의 다리 오작교 놓으니
맑은 바람 밝은 달을 품은 광한루원은
월궁 미인 항아가 거니는 천상의 세계인가!

민초들의 소망을 담은 광한루
춘향과 이도령이 첫 인연 맺은 곳
남원부사 성희안과 그 아들 성이성
남원 땅에 내려가 어진 정치 펼치며
백성들의 고달픔을 따뜻이 어루만지니

이 땅의 사람들은
아름다운 사랑의 이야기 엮어
청백리의 선정을 길이길이 전하다.

* 이몽룡으로 추정되는 성이성은 13세인 1607년에 그 아버지 성안의가 남원부사로 부임할 때 함께 따라와 4년간 남원에서 살았다. 그 후 상경하여 과거에 급제한 후 호남어사로 남원지방에 어사출두 한 사실이 있으며 청빈하고 강직한 관리로서 청백리에 뽑혔다. 경북 봉화의 산골에서 독서하며 만년을 보냈다. 그의 문집인 계서집에는 춘향전과 유사한 내용의 기록들이 보이고 있다.

담양 소쇄원瀟灑園

전남 담양군 남면 지곡리
대숲 사잇길 맑은 바람 스치며
곡류천 물길 따라 오르면
올곧은 선비의 고고함과
해맑은 마음을 담아놓은 듯한
한 폭의 수채화 닮은 원림園林
소쇄처사 양산보의 은거지소
소 쇄 원

1519년 기묘사화로 피바람 몰아친 조선 조정,
낡은 정치 개혁하여 도학정치 펼치려다
날개 꺾인 동방의 현자 정암 조광조 선생과
이상향을 꿈꾸던 기개 높은 선비들
권신들의 모함에 휘말려
늦가을 세찬 바람에 떨어지는 낙엽처럼
줄줄이 쓰러지니,
스승 잃은 17세의 젊은 제자 양산보
이곳 고향 창암촌으로 숨어들어
산수와 더불어 삶을 이어가다

자연과 인공이 완벽하게 조화를 이룬
조선 중기의 대표적 민간별서
새로운 세상을 갈망하던 중세 사림士林의
기품이 간직된 한국 정원의 백미

계곡물 소리, 댓바람 소리까지도
있는 그대로 마음에 담으려는 듯

자연을 거스르지 않고 꾸며 놓았다.
선비의 높은 뜻 품어줄 봉황을 기다리는
아담한 초가 정자 대봉대,
다섯 구비 곡류천 위로 흙과 돌로 만든 오곡문,
밝은 햇살 온몸으로 받는 애양단愛陽壇 뒷 담장에는
소쇄처사 양공지려瀟灑處士 梁公之廬라고
길다랗게 가로 명패를 새겨놓았다.

언덕 위쪽에는
비 갠 뒤 맑은 달을 바라보는 제월당 짓고
그 아래 계곡에는
머리맡에서 물소리 들을 수 있는 광풍각 지어
학문과 사상을 논하는 공간을 이루니
송순, 김인후, 고경명, 정철 등 인재들 몰려들어
소쇄원은 선비정신의 산실이 되었다.

소쇄옹의 혼이 담긴 아름다운 꿈의 정원
소 쇄 원
"본래의 모습대로 보존하되, 남에게 팔지 말며
어리석은 후손에게는 물려주지 말 것"을 유언하다.
일제의 토지수탈 정책으로 십분의 일만 남았으나
500년 지난 지금도 옛 모습 간직하고 있으니
우리의 정원문화를 찾는 발길 끊이지 않는다.

제월당 툇마루에 앉아 따사로운 햇볕 쬐며
계곡 건너 대봉대를 바라보니
소쇄 양공과 어진 선비들의 고운 마음결
연지蓮池에 어른거리고,
어디선가 청아한 거문고 소리 들리는 듯하다.

식영정息影亭

멀리 무등산을 마주하며
별뫼星山의 혈穴이 모인 자리
부용당 거쳐 흙 계단 오르면
발아래 광주호를 굽어보며
고즈넉한 언덕위에
수백 년 된 소나무 거느리고
그림자도 쉬어가는 아담한 정자
식 영 정

서하당 김성원이 스승을 위해 지었다하니
그 정성만큼 빼어난 절경을 자랑한다.
송강 정철이 서하당과 동문수학할 때
성산 아래 자미탄,노자암을 함께 거닐고
두 그루 노송이 어우러진 조대에서
낚시하며 젊은 시절을 보낸 곳
지금은 호수에 잠겨 옛 그림으로만
그 아름다운 풍경을 그려볼 뿐이나
선인들의 영원한 마음의 안식처였으리라.

조정의 핍박 받던 송강 정철은
이곳에 은거하며 성산별곡을 짓고,
임억령, 김성원, 고경명은
이 아름다운 정자에서 자연을 노래하며
문학의 절정을 이루니
이들을 식영정 4선이라 부르다.

호남 선비들을 길러낸 식영정은
환벽당, 소쇄원과 더불어
한국 가사문학의 산실로 남아있다.

밀양 영남루嶺南樓

따스한 볕 내리쬐어
용龍이 사는 땅 미리벌
밀양

추화산 자락 남천강가에
빼어난 경치 자랑하며
층암절벽 위에 좌우 익루를 끼고
날아갈 듯 서 있는
한국 누정 건축의 백미
영남제1루

능파각 침류각 거느리고
정면 5칸 측면 4칸의
웅장하고 당당한 중층의 누각
수백 명이 앉을 탁 트인 넓은 마루
들보의 뼈대가 그대로 드러난
연등천장
대들보와 충량 마다 용의 무늬 새겨 넣어
우리나라 건축미의 품격을 높이니
평양부벽루, 진주촉석루와 더불어
조선의 3대 누각이다

신라 경덕왕 때의 영남사 폐사지에
고려 공민왕대에 처음 누각을 짓고
무수한 변천을 겪으며 조선에 이르러
밀양도호부의 객사客舍에 부속되다.
영남루 자리한 아동산 언덕은

오랜 세월의 흔적들 간직하고 있으니
누각 천정에는 수많은 풍류객들
영남 제일의 승경을 찬미하였다.
마루 난간에 기대어
강 건너 넓은 벌판에서 불어오는 바람 맞으면
승천하는 용을 타고 하늘에 오르는 듯하다.
누각 앞마당엔 돌꽃石花 단단히 박혀 있고
대대손손 이어온 천진궁엔
단군왕검과 역대왕조 시조의 위패를 봉안하였다.
일본제국주의는 대한민국의 정통성을 말살하려
시조들의 신위를 파묻고 그 터에 헌병대 감옥 지어
조선 사람에게 수난의 멍에를 지우다.

발아래 남천강 내려가는 길목 강 언덕엔
못다 핀 젊은 꽃 아랑아씨의 한이 맴돌고,
태평양전쟁으로 일본에 강제징용 갔다 돌아온
사할린 농포의 굽이굽이 서린 애환들
이 누각에 올라 목청껏 아리랑을 부른다.

“날 좀 보소 날 좀 보소,
동지섣달 꽃 본 듯이
날 좀 보소
아리 아리랑 서리 서리랑
아라리가 났~네.”

부산 40계단

부산시 중구 중앙동 39번지
언덕배기 동광동과 국제시장을 이어주는
문화관광의 거리
40계단

1900년 초반,
이 곳 복병산 깎아 주택지 만들고
부산역 광장에 새 마당 열었으니
언덕 위 산동네에서 부둣가로 내려가는
지름길이었다.

광복 후엔 징용 간 귀환동포들 돌아와 북적거렸고,
6.25전쟁 터지자 몰려든 피난민들
이 계단 둘러싼 닥지닥지 판자촌에 살 부비고 살면서
부둣가 주변에서 흘러나온 구호물자를
닥치는 대로 빼내어 사고팔던
피난민들의 애환 서린 길거리 장터였다.

눈물의 언덕 40계단,
1.4후퇴 때 흩어진 사람들
남녘땅에 오면 이 계단에서
만나자 기약하던 만남의 광장

바다가 내려다보이는 비탈길에서
허기진 배 움켜쥐고 외로움 달래는
고달픈 피난살이
고향에 남겨진 부모형제 그리워

저 멀리 뱃길 여는 영도다리 바라보며
옷소매 들어 뜨거운 눈물 훔치다.

이 계단 층층대에 기대앉은
혈혈단신 외톨이의 고독한 타향살이
나그네 설움 달래주려는
인정 많은 경상도 아가씨의
애끓는 마음에도 아랑곳없이
허공만 바라볼 뿐 대답조차 없었으니……

이 언덕 이 계단은
이산가족의 한恨 달래는
마음의 안식처였다.

60년 긴 세월 흘러
눈물의 고개 40계단은
동족상잔의 슬픔 잊고
한국의 아름다운 길 되어
날마다 그 때의 설움을
추억으로 되돌려 주고 있다.

성덕대왕 신종神鍾

경주박물관 앞뜰에 매달린
하늘이 내린 신비의 종
에밀레~ 에밀레~
엄마를 부르는 소리 들린다.

효심 깊은 경덕왕이
그 아버지 성덕대왕의 높은 덕을 기려
백성들의 시주로 거둔 구리 12만근을 녹여 만든 종,
한국에서 가장 오래되고
크고 아름다운 소리를 가진
전설을 담은 신령스런 종이다.

통일신라의 국운이 나날이 융성할 때
온 나라의 힘을 모아
서라벌에 울려 퍼질 큰 종을 만들다가
거듭되는 실패에 어린아이 인신공양 하여
혜공왕 때 완성되었다 전한다.

처음 봉덕사에 걸었다가 700년 지나
봉덕사가 폐사되어 영묘사로 옮겼다가
다시 봉황대에서 500년 세월을 보내고
옛 박물관에서 40년을 거쳐
오늘의 이 자리로 돌아와 앉았다.

꼭대기는 대나무 모양의 만파식적 닮은 음통과
아름답고도 큰 소리 울음 우는 포뢰를 새겼다.
음통에는 가는 구멍 내어 울림의 잡음을 거르고

어깨肩帶에는 얼키설키 보상화문 새기고
그 아래 아홉 개씩 유두를 넣은 사각의 유곽 네곳,
유곽 아래엔 구름을 타고 천의天衣 자락 휘날리는
비천상이 연화대좌에 앉아 공양을 올린다.

몸체의 좌우에는 종을 만든 사람과 내력을 적은
1037자의 양주명문이 있고
아래엔 연화문을 새긴 띠에 마름모꼴로
치마주름의 마감을 하였다.

에밀레종 소리는
그저 귀에 들리는 것이 아니라 마음속에 들어와 영혼을 울린다.
진동이 다른 두 가닥의 소리
서로 간섭하여(脈놀이)
위이~이~잉 위이~이~잉
긴 여운을 남기며 멀~리 멀~리 퍼져나간다.

세계 음향학회는 Korean Bell로 분류하니
에밀레종은 세계최고의 종이다.

천년의 종소리~

장중하고 맑은 거룩한 소리
가슴으로 이어지는 영원의 소리.

영덕대게 차유마을

경북 영덕군 축산면 경정리
오십천 끝머리 강구 포구에서
출렁이는 동해바다를 끼고
북으로 사십리
죽도산 하얀 등대를 마주하는
영덕대게의 원조 집산지
차유마을

영해부사 초도순시
수레 타고 힘든 고개 넘어
인심 좋은 축산 바닷가 마을 찾아와
대게 맛에 흠뻑 취해 떠날 줄 모르니
원님의 수레가 머물렀다하여
차유車踰라 불리우다.

영덕과 울진 사이의 깊은 동해바다 속에
떡하니 버티고 앉은 왕돌잠
바닷속 생물들의 낙원이다.
암컷 대게 한 번에 5만 개의 알 낳으면
100여 가지 어종들이 이 알로 부화한다.

속 찬 대게를 상감마마께 진상하니
'이것이 땅에 사는 놈인가,
물속에 사는 놈인가?'
수랏간 상궁 아뢰기를
'상감마마, 이 녀석이 대나무 마디를
닮아 대게竹蟹라 부릅니다.

바다 속 모래바닥에 살면서
옆으로 기는 놈인데, 살짝 맛바람만 불어도
눈 감고 단번에 열 척을 달리는 놈입니다.'

동해안 최대의 대게 산지
차유마을엔
한 겨울 찬바람도 아랑곳없이
수백 미터 깊은 바다에서 건저 올린 대게를 가득 싣고
크고 작은 배들이 줄지어 모여든다.

운현궁雲峴宮

서울시 중구 운니동
옛 서운관 앞 구름재 언덕에 자리한
아름다운 고가
작은 궁궐 같이 지은
고졸한 한옥
궁궐 밖의 도 다른 궁궐

조선 26대 고종임금 태어나고 자란 잠저,
그 아버지 흥선대원군 이하응의 집
운현궁

사대부가와 궁궐의 구조를 함께 지닌 운현궁
사랑채인 노안당, 별채인 노락당, 별당인 이로당을
남에서 북으로 가운데를 질러 월랑月廊으로 이어놓았다.

왕이 출입하던 경근문, 대원군이 다니던 공근문을 두었으니
운현궁은 궁궐로 통하는 왕궁 밖의 작은 궁이다.

파란의 시대를 지켜온 대원군의 사랑채 노안당老安堂
지붕 박공 한 가운데 복福을 비는 박쥐를 그려 넣고
처마엔 송판으로 길게 차양遮陽을 달았다.
마당 안쪽엔 어린 시절 명복(고종의 아명)이 올라 놀던
늙은 소나무 여전히 푸르름 간직한 채 다소곳이 서 있다.

사대부집의 건축미가 돋보이는 안채 노락당老樂堂
아름다운 창살 문양을 한껏 자랑하는
운현궁에서 가장 큰 초익공 7량의 집이다.

3간택을 거친 명성황후 민씨는
노락당 남행각에서 왕비수업 마치고
임금님과 혼례를 올렸다.

외세에 휘둘리던 풍전등화 같은 조선의 명운
세도가문에 눌려 지내온 파락호
흥선군이 권력의 심장부를 거머쥐고
개혁정치와 척왜양이를 외치며
혼돈의 시대에 격랑을 헤쳐나간
정치의 안마당 대원위의 집
운현궁

마침내 조선왕조와 그 운명을 함께 하였으니
김동인은 풍운아의 삶을 '운현궁의 봄'으로
그려내었다.

자갈치 시장

부산 중구 남포동
한국 최대의 어시장
자갈치 시장

용미산 동남쪽 부둣가에
임시로 만들어진 수산시장
1889년 일본 자본가들
부산북항에 수산주식회사 세워
우리의 경제권 훔치려하자
이에 맞선 조선 사람들
1922년 민족자본 키우려
남항에 어업협동조합 만들고
남포동 자갈밭에 장터 세우니
자갈치 시장이라 불리우다.

영도대교 바라보는 자갈치 시장은
사람 냄새 물씬 풍기는 삶의 현장
서민들의 체취가 푸울 풀 난다.

조국해방과 6.25전쟁 겪으며
생활전선에 뛰어든 부산 여인들,
억척스레 3소를 외쳐대는
자갈치 아지매들의 구수한
경상도 사투리
"오이소, 보이소, 사이소."

연탄불 곰장어구이에
소주 한잔 걸치고
건너편 영도로 가는
통통배에 오르면,

높은 탑 우뚝한 용두산 층층계단
한 눈에 들어오고
피난살이 한 맺힌 사람들
고향 갈 날 기다리던
40계단 아스라하다.

자갈치시장은
정말 사람 사는 곳이구나!

거제 포로수용소 유적

거제시 신현읍 고현동
독봉산 아래
세종 때 설치한 고현성 옛터
산봉우리로 둘러쌓인 넓은 벌판에 자리한
제2차 세계대전 이후 사상 최대 규모의
거제포로수용소

외로운 섬 거제도에
강대국의 힘겨루기로
6.25 한국전쟁이 남긴
민족의 상처였다

중공군 북한군 포로 17만명
이 곳 황량한 400만평 넓은 벌판에
천막촌 지어 삼년간 포로자치제로 지내며
공산포로와 반공포로로 갈라져 폭동을 일으킨
포로들 간의 사상대립

석방된 반공포로 5만명
이 땅 곳곳에서 우리와 함께
자유인으로 편안히 살고계시리라

기억에서 멀어져 가는 역사의 현장은
유적遺跡으로만 남아
허물어진 페치카 벽난로 그을린 채 있고
경비대장 집무실 벽에는
포로들의 모습 담긴 채색벽화가
그 흔적만 희미하게 남았다.

60년 세월의 강을 건너온
고난의 땅 거제巨濟는
이념으로 갈라진 동족상잔의
아픔을 딛고

경제발전의 상징도시로 거듭나
민족역사교육의 큰 마당이 되었다.

추사고택秋史古宅

충남 예산군 신암면 용궁리
맏딸 화순옹주와 월성위 김한신에게
영조대왕이 내린 교목세가喬木世家
조선 후기 실학정신을 몸으로 실천하며
바른 세상 만들기에 일생을 바친
추사 김정희 선생의 나고 자란 집.

왕가의 외손으로 유복하게 자랐으나
부귀영화 버리고 급변하는 국제정세를
주체적으로 수용하려 했던 실사구시의 선각자
굳세고 정직한 성품은 탄생설화 낳으니
팔봉산의 나무들은 생기를 되찾고
고가의 우물물은 다시 샘솟았다.

청신 유연하며 편안하고 온유한 성격
오랜 유배생활로 더욱 견고해지니
의리는 천둥벼락처럼 분명하고
사람을 봄볕처럼 따뜻이 감싸다.

장부 중의 대장부는
나라에 충성하고 부모에 효도하는 것이요,
세상의 두 가지 큰일은
낮에는 일하고 밤에는 책 읽는 것이라 하였다.
天下一等人 忠孝, 世間兩件事 耕讀

단아한 솟을 대문 들어서면
ㄱ자형의 정남향 사랑채
기둥마다 선생의 글씨秋史體로 주련을 달고
처마 밑엔 고고한 선비의 기상을 그린
세한도歲寒圖 걸렸다.
앞뜰엔 해시계 돌기둥石年 서 있고
뒤뜰엔 유배지 제주에서 가져다 심은
수선화가 군락을 이룬다.

평온하고 아늑한 고택
고매한 인품과 선생의 혼이
묻어나는 집이다.

석굴암에서

경주 토함산 산마루 동쪽
감포 앞바다 동해구를 바라보는 곳에
신라인들의 혼을 담아 이루어 낸
세계 유일 최고의 석불을 모신
석굴암

신라 재상 김대성이
전세前世의 부모를 위해 세운 석굴사원
건축예술의 결정체
세계적 문화유산
온 세상에 내 놓아도 당당한
우리의 자랑이다.

석굴암에 들어섰다.

부처님 앞에서
하룻밤을 지새웠다.

108배 절을 하고 부처님을 쳐다보았다.
조용히 다정스런 미소를 보여주신다.
인자하셨다.

또 108배 절을 하고 부처님을 쳐다보았다.
"너의 그 오만함이 너를 무너뜨릴 것이다."
마구 꾸짖으신다.
무서웠다.
다시 한참 절을 하고 부처님을 바라보았다.

그냥 가만히 나를 보고만 계신다.
아무런 생각도 나지 않는다.
밤새 나는 한잠도 자지 않고 부처님을 모시고 있었다.

날이 샜다.

석굴밖엔 함박눈이 펑펑 내린다.
모든 번뇌가 사라진다.
이제 무섭지도 않다.

절 마당에 쌓인 눈을 쓸어내며 중얼거린다.

"부처님은 내 마음속에 있었던 것일까?"

한탄강 漢灘江

강원도 평강에서 발원하여
철원평야를 가로질러
전곡에서 임진강과 만나
서해바다로 흐르는
아름다운 땅 밑의 강
한 탄 강

신생대 제4기
평강고원 오리산에서 분출한 용암
추가령지구대를 따라 흘러내린 불길의 흐름
옛 강 바닥을 뒤덮으며
철원 포천 연천을 지나 파주 율곡리까지
서쪽으로 서쪽으로 내달려
넓디넓은 용암대지鎔巖大地를 이루다.

수십만 년 비바람 맞으며 이어온 침식작용
성난 마그마가 조금씩 조금씩 거품을 삭여 이루어낸
높이 50미터 수직단애의 협곡峽谷.
멀리서 보면 들판 끝에 산이 붙어
강인 줄도 모른다.

순담계곡, 직탕폭포, 아우라지 베개용암,
송대소의 미끈한 주상절리,
용암을 걷어내고 우뚝 선 일억 년의 고석바위,
문혜리의 좌우대칭 현무암 협곡,

물과 시간이 빚어낸 천혜의 절경
백두산, 제주도와 더불어 용암으로 만든
조물주의 걸작품 한탄강

백마고지, 노동당사 곁에다 두고
철원 김화 평강
철의 삼각지대 휴전선 철조망 밑으로
남과 북을 관통하여 흐르는 맑고 고운 강

언젠가는
이 강을 끼고 누운 땅도,
흩어진 민족도,
하나가 되어
아름다운 이 강과 함께
영원히 흘러가리라.

제6부

꺼지지 않는 민족혼

박상진朴尙鎭 의사 생가

울산시 북구 송정동
동해남부선 철길 건너
좁다란 골목길 돌아나가면
들길 한켠 남향의 아담한 고가
대한광복회 총사령 고헌 박상진 의사가
태어나고 자란 집이다.

한말 고종황제의 승지 박시규의 맏아들로 태어나
신,구 학문을 두루 섭렵한 당대 최고의 지식인
박 상 진

일제에 빼앗긴 국권 되찾으려
평양법원 판사의 길 내던지고
전 재산을 독립운동에 쏟으며
을미 영남의병장 허위 스승의 가르침 따라
대구달성공원에서 독립군자금 마련 위해
조선국권회복단 조직하고 구국대열에 나서다.

상덕태 상회 설립하여 백산 안희제와 더불어
상해 임시정부에 독립자금 보내고
친일부호들을 처단하여
민족정기가 살아있음을 온 나라에 펼쳐 보이다.

부사령 백야 김좌진 장군을
만주 독립운동기지로 파견하며
가슴 먹먹한 송별시 남기니,
'가을 깊은 압록강 너머 그대를 보내노니

흔쾌히 승낙한 그대의 충정
우리의 맹세를 밝게 하네~
… … … …
멀지 않아 큰 공 세우고 개선가 부르리라.'

백야는 후일 역사에 길이 남을
북간도 청산리대첩으로 승전가 울려
의사의 뜻에 답하다.

일경에 쫓기던 의사
젊은 나이로 모친상 당함에,
찾아온 왜경을 호통 쳐 물리치며
총사령의 백마 타고 스스로 헌병대에 나아가니
한국 대장부의 그 늠름한 기상에 눌린 일본 경찰
말없이 뒤따를 뿐이다.

쇄락한 그 후손
생가마저 남의 손에 넘어가 집도 없이 떠돌다가
의사 순국 후 80년이 지나서야
겨우 옛 집터 되찾았다.

진달래 피는 봄날
송정들판 언덕 위 의사의 생가에 서면,
부귀영화 다 버리고 조국독립에 몸 바친
명문가의 후손다운 선생의 풍모
아지랑이 너머로 그윽이 떠오른다.

쌍계사 진감선사대공탑비

경남 하동군 화개면 운수리
지리산 불일폭포 아래
두 갈래 계곡을 끼고 터잡은
쌍계사

대웅전 앞뜰에는 이 절을
선禪, 다茶, 범패梵唄의 근본도량으로 키워낸
통일신라의 고승 혜소 진감선사의
공덕을 기리는 대공탑眞鑑禪師大功塔이
흑대리석 비신에 화강암 귀부를 갖추어
장중하게 서 있다.

비바람과 전쟁의 아픔을 이기고
천년 세월 견디느라 몹시 고단한 듯
굵은 금이 가고
오른쪽 상단에는 6.25전쟁의 상흔마저
뚜렷이 남았다.

당대 최고의 석학 고운 최치원 선생,
왕명 받들어
선사의 높은 덕과 법력을 기리는 문장을 짓고
해서체 2423자 글씨를 썼다.

강물이 흐르듯 거침없이 써내려간
막힘없는 고운의 필치,
진감선사의 한량없는 자비심 절로 묻어나
내 마음 어느새 적정의 경지에 이른 듯하다.

안동 도산서원陶山書院

경북 안동시 도산면
질그릇 산 뒤로 하고
낙동강을 굽어보는
도산서원

겸재 정선은
원천을 지나 월영대 휘감아 도는
낙동강가 언덕 위 아담한 정자에
계곡을 향해 단정히 앉아
사색에 잠겨 있는 선비의 모습을
그림으로 남겼으니

성誠과 경敬으로
실천궁행 하였던 도학의 완성자
학덕 높은 겨레의 스승
퇴계 선생이리라.

성학십도를 받아든 명종 임금은
화공을 시켜 도산의 풍광을 그리게 하고
왕명 받은 한석봉은 떨리는 손으로
도산서원 편액을 쓰고

정조 임금은
이곳 서원에 시사단 차리고
영남의 인재들에게 과거를 보이니
도산서원은 한국 유교문화의
전당이었다.

예를 가르치면서도
자유분방함이 깃들어 있는 도산서원
오늘도 전교당 마루엔
철부지 꼬맹이들 가득
밝은 햇살 받으며
마음껏 뛰노는
가식 없는 꿈나무들

이것이
전통적인 틀에 얽매이지 않는
가장 인간적인 조선의 휴머니스트,
도학적 엄격함보다는
자연스런 인성의 함양을 강조해온
500년 전 위대한 스승이
우리에게 남겨준 교육관이 아닐까!

안중근 의사 기념관

서울 남산공원 중턱
일제가 식민지배의 상징으로 세웠던
조선신궁 헐어내고
그 터에 자리 잡은 안중근 의사 기념관
한국을 집어삼킨 민족의 원흉 이토히로부미를
하얼삔역에서 저격하여 민족의 자존을 지키고
이국땅 뤼순에서 순국한 안중근 의사.

여기 기념관에는
의사의 자서전인 '안응칠의 역사'와
뤼순 감옥에서 사형을 앞두고 쓴 '동양평화론'이
100년 전의 우리를 되돌아보게 한다.

황해도 신천의 신지식인 진사 안태훈
배와 가슴에 7개의 검은 점 가진 아들 얻으니
응칠應七이라 이름 짓다.

무너지는 조국의 운명을 붙들고 황해도 신천 청계동에서
패퇴한 청년 동학접주 김창수(김구 선생)와 만나
총 쏘고 말 달리며 국권회복의 결의를 다지다.

조선을 손에 넣고 만주국까지 넘보던
동양평화의 걸림돌인 초대통감 이토오를
위국헌신 군인본분爲國獻身 軍人本分의 단심으로
브라우닝 권총 세발로 제압하니,
대한 장부의 기개를 세계만방에 펼쳐 보이다.

어느 부모에게 자식 생명 귀하지 않으랴만
상소를 말리신 그 어머니
'대장부가 나라 위해 옳은 일 하였으니
비겁하게 목숨을 구하지 말고 대의에 따라 죽는 것이
효도이니라.'
조국의 광복에 한 줄기 빛을 더하다.

의사의 고귀한 정신 민족의 가슴에 빛으로 살아나고
동양평화의 참 뜻 읽은 열사들
줄줄이 구국의 대열 이어갔으니
이봉창, 윤봉길 ……

세기를 지난 오늘

안의사의 혼이 서린 기념관 앞엔
의사의 단심丹心인 듯
붉은 와룡매 꿋꿋이 살아 있고
남산 위의 소나무들 푸른 빛 더하는데
차디찬 타국 땅에 누운 의사의 넋 돌아올
그날을 기다리는 김구선생,
도포자락 휘날리며 저 먼 이역 하늘을 바라보다.

의병장 신돌석 생가申乭石生家

경북 영덕군 축산면 도곡리
일월산 정기 내린 고요한 마을
구한말 일제의 간담을 서늘케 한
유격전술의 명장 신돌석 의병장

흙담장 두른 그의 생가
네 칸의 초가집 두 채가 나란히 서 있다.

마을 서당六怡堂에서 사서삼경 배우던
기골이 장대하고 활달한 기상을 지닌
18세의 천하장사 신태호(兒名 돌석)
일제의 침략에 맞서 떨치고 일어나
영릉의병진*을 조직하다.

평해 월송정에 올라
낙목에 누운 단군의 터전을 한탄하며
'우국憂國'의 시 짓고
평민출신으로 농민들의 마음을 널리 감싸며
을사늑약으로 빼앗긴 나라를 되찾으려
분연히 구국의 길로 나서니
유생, 관료, 양반들까지 앞 다투어
장군의 의병대열에 몰려들다.

엄한 군율과 탁월한 지도력으로
일월산 태백산 동대산을 넘나들며

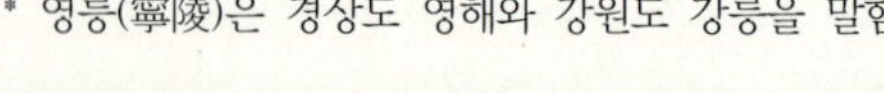

* 영릉(寧陵)은 경상도 영해와 강원도 강릉을 말함.

문경의 이강년 부대, 안동의 유시연 부대와 연합하여
신출귀몰, 연전연승 일본제국주의를 타도하니
민중의 영웅英雄으로 우뚝 서다.

기세에 눌린 일제는 장군을 태백산 호랑이라 부르며
의병활동 중단하면 경상도 땅을 떼어주겠다고 회유하였으나
분개한 장군은 더욱 강력한 의지로 응징에 나섰으니
마침내 전국 13도 연합의병 창의군의 교남의병대장으로 추대되어
서울진공에 나아가다.

장군의 높은 기상과
우주를 채우고도 남을 늠름한 충의로
조선의 민족혼이 되살아날까 두려워한 일제는
생가를 불태워 없애다.

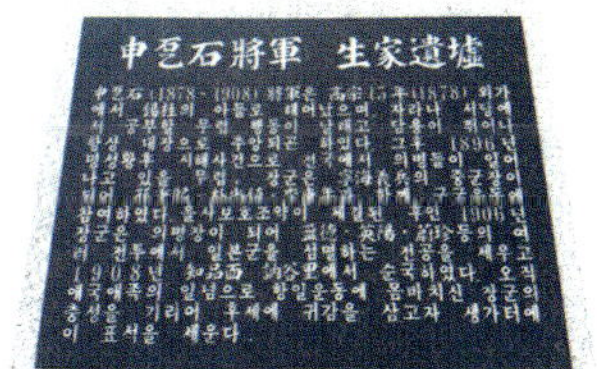

반세기 만에 복원된
단아한 장군의 생가
그 뒷뜰에는
100년전의 그 의로운 넋 되살아난 듯
검은 대나무烏竹 숲 더욱 무성하다.

예천 약포영정藥圃影幀

경북 예천군 고평마을
내성천 옆으로 길다란 들판을 지나
깊숙이 들어앉은 아늑한 곳에
약포 정탁鄭琢 선생을 모시는
종가집이 자리하고 있다.

퇴계선생에게서 학문과 인仁을 배우고
남명선생에게서 기개와 의義를 배운
고절高節한 선비,

사형선고 받은 이순신을 구하려는 자는
극형으로 다스리겠다는 임금의 명도
아랑곳하지 않은 채
목숨 걸고 이순신 장군을 죽음에서 구해낸 후
백성들을 쓰다듬고 포용하여
임진왜란 국난을 이겨낸 명재상名宰相.

이 종가의 유물관 정면에는
왕명으로 그려놓은 생생한 초상화가
살아 있는 듯 우리를 바라본다.

선생의 14대 늙은 종손이 그 앞에서 절을 한다.
철부지 내 어린 아들은 초상화의 주인공과
절하는 할아버지를 번갈아보며 말한다.
"아빠, 그림 할아버지 하고 이 할아버지가
왜 똑 같애?"

400년이 지났건만
초상화 속의 선생과 그 후손은
긴 턱과 각진 얼굴 일자형 눈썹
후덕한 인품을 간직한 듯 은은한 눈빛,
한 점 다름없이 꼭 같다.

방명록을 들여다본다.
- 피는 물보다 진하다.
일본 동경대학교 총장 -
라고 씌어있다.

나도 방명록에 적어 넣었다.
"그 피는 영원하리라."

영양 조지훈趙芝薰 생가

경북 영양군 일월면 주곡리
매봉산 문필봉을 병풍삼아
반변천 흘러드는 시냇가에
수구막이 숲 우거진
주실마을의 호은종택

대문과 중문 사이에 태극기를
새겨 넣어 충절을 상징하는
영남 북부지방 고가의 전형
일제에 항거하고 반민주 독재에 저항한 우국지사
한국시단의 대표 청록파 시인 동탁 조지훈의
나고 자란 집이다.

조선중기 도학정치로 이상사회를 꿈꾸다가
유배지에서 순국한
동방의 현자 정암 조광조 선생,
기묘사화로 한양에서 흩어진 그 일족들
이 곳 주실마을에 낙향하여 400년 이어오며
재물,사람,문장을 빌리지 않는
삼불차三不借의 명문가 이루었다.

3.15부정 선거에 항거한 제자들에게
'너희들 마음을 우리가 안다.'
자유당의 혼란상과 일제의 잔재를 질타하며
지조론을 설파한 고고한 한국의 선비,
투철한 시대정신의 소유자이자
세기를 뛰어넘는 영원한 지성인
조지훈

멀리 일월산을 바라보는 주실마을 들머리엔
선생의 위대한 영혼을 기려
님이 남긴 '빛을 찾아가는 길'을
빗돌에 새겨 두었다.

생가 옆 어릴 적 선생의 배움터 월록서당에 오르면
글을 읽은 선비의 나아갈 길을 제시한
선생의 체취가 봄바람 타고 은은히 다가온다.
선생의 그 깊고 넓은 마음을
어느 뉘 다 헤아리랴.

지리산 산천재山川齋

경남 산청군 시천면
경호강 강뚝 위에
지리산 천왕봉을 바라보며
단아하게 지은 재사齋舍

백성들과 함께 밭 갈고 씨 뿌리며
조선 유학을 몸으로 펼치신
초야의 선비
남명 조식 선생의 강마지소
산 천 재

큰 북채로 두드리지 않으면
울리지 않는 천석 종처럼,
하늘이 울어도
오히려 울지 않는 두류산처럼,

높디높은 자부심으로
쟁쟁한 후학을 길러내며
초야에 앉아 조선을 구하다.
스승의 훈도 받은 의병장들 줄이어
임진년 국란을 슬기롭게 극복하였다.

목숨보다 소중한 의리와
백성 사랑하는 마음을 잊지 않기 위해
경敬 자 새긴 큰 칼과 성성자性性子방울을
지니고 다니시다.

비바람에 씻기운 산천재
하늘을 향해 부끄러움 없는
선비의 의연함을 흠모하여
선생의 그 맑고 곧은 모습을
벽화에 그려두었다.

진주 촉석루矗石樓

진주성의 남쪽 벼랑
비봉산 줄기 내린 층층바위 높은 곳
남강 절벽 위 용머리 언덕에
장엄하게 서 있는
정면 5칸 측면 4칸의
촉 석 루

평양 부벽루 밀양 영남루와 더불어
조선 3대 명루이다.

전시에는 진주성의 남장대南將臺로
평시에는 경상도의 향시 치르는 장원루로
이 나라를 지켜온 역사의 증인 촉석루

임진왜란 당하여,
초유사 김성일, 대소헌 조종도, 송암 이로,
텅 빈 누각에 올라 비장한 각오를 다지다.
- 한 번 뿐인 장부의 목숨 함부로 하랴, 남은 목숨
  이 유서 깊은 터전을 지킴에 보태리라 -

세월은 강물처럼 흘러가건만
삼장사三壯士의 푸른 넋
길이 길이 살아있으리라.

김시민 장군
3천명 군사로 3만의 왜군을 물리치니
행주대첩 한산대첩과 더불어 임진왜란 3대첩 이루다.

의기 논개論介
열 손가락에 가락지 낀 채
온몸으로 왜장倭將을 끌어 안고 강물에 뛰어드니
진주 사람들
논개의 충절 기려 촉석루 옆 사당 짓고
해마다 추모제전 이어오다가
일제의 방해로 중단되다.

6.25 전란으로 불탄 누각
시민의 힘 모아
오대산 장송과 창원 명곡산 돌 가져와
기둥과 주춧돌 세우니
5년의 대역사 끝에 웅장한 위용 보이다.

도도히 흐르는 남강과 함께
남녘 땅 지킬 보루로
영원히 남으리라.

임진강 화석정花石亭

경기도 파주
임진강 남쪽 언덕 높은 곳에
멀리 북녘 개성땅을 바라보며 서 있는
아담한 정자
화 석 정

자나 깨나 나라 걱정
오직 백성들이
평안하고 잘 사는 세상 만들기에
일생을 바친 조선 최고의 석학,
9도 장원공 율곡 이이 선생의
마음의 안식처

일본 침략 내다보고
십만 양병 뜻 밝히며
화석정 중수할 때,
언젠가 이 정자가
나라를 살리리라 예언 하며
기둥과 바닥을 자주 기름칠하라 일렀다.

율곡선생 천리안을
님 가신 뒤에야 그 뜻 알았으니
마침내 임진왜란 발발하여
몽진하는 어가 행렬 북으로 떠날 때
칠흑 같은 어둠속에 임진강에 이르자
화석정 불태워 그 환한 불빛으로
무사히 강을 건너 북행길 재촉하다.

오늘 화석정에 올라
위인의 깊은 뜻 되새기며
임진강 건너 북녘땅을
다시 밟을 날을 기다린다.

허위許蔿 선생 기념관

구미시 임은동林隱洞
동으로 낙동강을 끼고 서로 금오산 기슭
숲속에 가려진 마을
야트막한 언덕에 자리한
한말 13도 창의군 군사장
왕산旺山 허위 선생의 유허지

올곧은 개신유학자로 명망이 높았던
초야의 거목,
영남 선비들의 추대로
고종황제의 비서원 승 되었다가
명성황후 시해한 일제의 야만에 맞서
을미의병 일으키고
황제퇴위와 대한제국 군대해산에
정미의병으로 저항하며
일제통감부를 향해 서울진공작전 전개하다.

1908년 일제가 만든 서대문형무소에서
최초로 순국하여
나라사랑을 온몸으로 실천하였다.
형제와 그 아들 손자까지
온 가족이 의병의 구국대열에 나서니
노블레스 오블리주,
우당 이회영, 석주 이상룡 가문과 더불어
한국의 3대 의병가문이라 불리다.

일제의 억압에 정부의 각료들
모두 입 닫고 있을 때
황제의 칙령으로 나라를 찾겠노라고
당당하게 의병전쟁 선포하며
배일 통문排日通文을 돌리다.

우국지사 황현은 매천야록에서
"기상이 헌헌하여 천하를 경륜할 역량을 지닌
영남의 지조 있는 선비"라 이르고,
안중근 의사는 일제의 법정에 서서
"우리 이천만 동포에게 왕산 같은 진충갈력과
용맹한 기상이 있었던들, 오늘 같은 국가적 수치는
당하지 않았을 것이다."라고 최후 진술하다.

오늘
임은 마을 언덕에 올라보니,

일제의 마수 앞에 풍전등화 같았던 조국을 구하려
풍찬노숙風餐露宿하며 지구 곳곳에 흩어졌던 후손들
100년만에 재회하여 그 의로운 뿌리를 추억하고 있다.

절두산切頭山 성당

서울 마포구 합정동
누에가 한강을 바라보며
머리를 들고 있는 듯 툭 튀어나온 절벽 산
잠두봉蠶頭峰이다.

절벽 아래 휘늘어진 수양버들
푸른 물결 찰랑대는 서강의 나루터 양화진
그 빼어난 경치에
풍류객들의 발길이 끊이지 않았건만,

1866년 병인박해 후
외세를 불러들인다는 죄목으로
수천 명의 천주교도들을 목 베어
절벽 아래 한강으로 내어던지니
그 맑은 한강물은 핏빛으로 물들고
아름다운 잠두봉은 이름마저 바뀌어
절두산切頭山이라 불리우다.

무엇이 우리를 이리도 잔악하게 만들었던가?
한 목숨 떨어질 때마다 무너져가는 조선의 체제
절두산 벼랑은 조선 유교이념의 한계선이 되었다.

순교자들의 숭고한 영혼은
찬란한 슬픔을 간직한 채 오늘로 이어지니
절두산 교회는 조선 천주교 신앙의 근원지이자
세계 복음의 성지가 되었다.

경주 용담정龍潭亭

경주시 현곡면 가정리
구미산 장천 깊은 골짜기 따라
청태 가득한 용담계곡에 터잡은
한국 동학 발상의 성지
용 담 정.

우뚝 솟은 포덕문 지나
맑은 물 흐르는 계곡 거슬러 올라가면,
수운 최제우 대신사大神師가 하늘의 계시 받아
무극대도 이루고 구국을 꿈꾸며
904구句 가사체의 용담유사 지었던
넓은 층석 깔린 용담에 이른다.

오랜 기다림 끝에
유불선 3교를 아우르며
밀려오는 외세를 물리치고 민족의 자존 지킬
새로운 사상을 잉태케 한 용담정

사람마다 마음속에 한울님 모셨으니
사람이 곧 하늘이라,
인간 존엄의 가치 높이 들고 사민평등 부르짖자
부패와 억압에 시달리던 민초들
구름떼로 모여들다.

유교이념의 한계에 이른 혼란 속의 조선
사도난정의 죄목으로
대신사를 대구장대大邱將臺에서 처형할 때

서슬 퍼런 망나니도 그 목숨 거두지 못했다니
민중의 소망이 하늘에 미쳤을까?
깜짝 놀란 경상감사
대신사에게 나랏님의 뜻이라 호소하니
맑은 물 한 사발 받아들고 기도하며淸水奉尊
스스로 눈을 감다.

척양척왜 제폭구민의 큰 뜻
최시형, 손병희 지도자들로 이어지며
우리 민족의 나아갈 길을 제시하여
동학농민혁명, 3.1 만세운동의 시원이 되었고
한국 국민의 가슴에 자주의식 심었으니
오늘날 세계로 뻗어가는 한국인의 잠재력
여기서 발아하였으리라.

오늘,
150여 년 전의 그 골짜기에는
인간평등을 향한 대신사의 염원을 담은 듯
채색도 꾸밈도 없는 말-간 정자에
영정 한 폭과 청수봉전 할 탁자 하나만 놓였다.

황토현 전적지黃土峴戰迹地

전북 정읍시 덕천면
높이 50미터의 야트막한 백산
백년 전 동학농민군의 집결지
누런 흙 덮힌 넓은 들판 끝
황토현

조선왕조 500년의 유교체제,
그 종말로 치달을 때
부패한 관리들 농민 수탈하러
호남으로 앞다투어 나가다.
7만냥 뇌물 바쳐 벼슬 얻은 고부군수 조병갑*,
멀쩡한 보洑 놓아두고 농민을 강제동원하여
배들평야에 새로 만석보萬石洑 만들고
온갖 명목 갖다 붙여 백성들의 고혈을 짜내니
농민들의 원성 극에 달하다.

농사 짓던 시골 훈장 녹두장군 전봉준,
동학의 접주로 나서
죽창과 농기구로 백산에 진을 치고
보국안민, 제폭구민의 기치 아래
호남창의대창소 설치하니
흰옷 입은 농민봉기군들 대나무 창 들고
무수히 몰려들어 백로가 산을 덮은 듯

---

* 조병갑은 고부군수에서 해임 된 후 2년간의 유배생활을 마치고 복직, 법부판사로 승차하여 후일 동학 2세 교주 최시형을 사형에 처하는 판결을 하였다.

'서면 백산白山, 앉으면 죽산竹山'*이라
그 기세 하늘을 찌르다.

봉기한 동학농민군이
최초로 관군을 물리쳐
억눌리고 짓밟힌 한을 씻어낸
피의 전승지 황토현

위대한 민중의 힘!
마침내 전주성을 점령하여
조정과 평화협정 맺고
전라도 53군 집강소 설치하여
폐정개혁 12개안을 시행하였으니
우리 역사상 최초로 풀뿌리 민중자치를 이루어내고
근대 한국 민족·민주운동의 시발점 되었다.

농민의 충정이 오롯이 어린 곳
100년 전 어둠을 헤치고 혼돈을 이겨낸
황토현
백성들의 그 흙처럼 순수한 마음 간직한 채
한 조각 비석을 안고 그 날을 지키고 있다.

* 흰옷입고 죽창을 든 동학농민 창의군들이 야트막한 백산 진지에 모여 훈련 할 때의 모습, 즉 멀리서 백산을 바라볼 때, 농민이 일어서면 흰옷이 보이고, 앉으면 손에 들고 있는 죽창만 보인다는 뜻.

흥무대왕릉興武大王陵

경주 서악 송화산 자락
서천을 굽어보는 언덕에
12지신상 호석 두른
왕릉 같은 커다란 무덤
신라 태대각간 김유신 장군의 묘

흩어진 가야의 왕손 김유신
신라 왕실과 피를 나누고
삼국통일의 기로에서
어둠속을 헤매던 신라를
꿈에서 깨우다

당나라의 억압을 물리치고
자주독립을 이루기 위한
끝없는 독립전쟁
백전백승의 명장으로
우리민족을 하나로 통합하려는
원대한 포부를 펼친 영웅

작고 열세한 나라 신라가
한 뜻으로 단결하여 마침내
반도 통일을 이루어 내었으니
그 선봉에 김유신이 서 있었다.

민족통일을 향한
장군의 위대한 꿈을 높이 기려
신라 백성들은 그를
개국공 순열 흥무대왕이라 불렀다.

효창공원孝昌公園

서울시 용산구 청파동과 효창동에 걸친
나지막한 산봉우리
정조대왕의 맏아들 문효세자의 능이 있던
효창원,

잔악한 일본 제국주의,
이 터 빼앗아
독립투사 잡아들이는 군사비밀공작지로 사용하다
2차대전 패전으로 쫓겨 간 그 자리에
조국 광복으로 꿈에도 그리던 고국에 돌아온
상해임시정부의 주석 김구선생,
일제에 빼앗긴 효창원 되찾아
망명정부 독립투사들의 유해를 안장하였다.

창열문 들어서면 오른쪽 언덕에
이동녕, 조성환, 차리석 선생의 묘 자리하고
가운데 언덕에는 폭탄 던져 나라 구한 한인애국단
이봉창, 윤봉길, 백정기 3의사 모시고

그 옆에는 아직도 주인을 위해 비워둔 가묘

하얼삔역에서 이등박문을 저격하고
뤼순 감옥에서 순국한 안중근 의사의
잃어버린 유해가 돌아오면 모실 유택이다.
그러나 중국 땅 뤼순에 누운 안의사의 혼백이
돌아오기도 전에 김구선생 먼저 타계하고 말았으니
70년이 흐른 지금도
여전히 빈 무덤으로 남아있다.

이제 누가 그 일을 해낼 수 있을까?

아직도 타국의 땅을 떠돌고 있는 안의사의 고혼은
언제쯤
우리들 곁으로 돌아올 것인가?

제 7 부

남겨둔 여정

(통일을 기다리며)

사이 섬間島

길림성 광재욕 두만강변
강 사이의 섬, 간도
오랫동안 봉금*되어
인적이 드물었던 곳
옛 발해국의 땅이다.

수백 년 쌓여온 두만강 모래톱
강 건너온 조선 사람들
버려진 땅 간도에 또 다른 물길 내고
논을 일구며 넓혀간 조선의 영토
수많은 농민들 몰려들어 마침내
백두산과 두만강에 걸친
아득한 지역을 개척하였다.

사이 섬에서 시작된 우리의 영토는
어느 새 연길, 화룡, 왕청, 훈춘
넓디넓은 연변으로 퍼져나가
광대한 북만주를 독차지 하였으니
우리민족이 피와 땀으로 이루어 낸
북방개척의 결실인 간도지역
간도관리사 이범윤은 어명 받들어
이곳이 조선의 땅임을 선언하였다.

---

* 봉금(封禁) : 청나라가 백두산과 두만강 일대를 자신들의 시조 발생지로 신성시하여 거주금지 지역으로 정함.

침략의 야욕에 불타던 일제는
간도협약 맺어 남만주철도부설권 얻고
이 땅을 청나라에 넘기며
용정에 통감부간도파출소 만들어
조선인들을 영사재판 하였으니
무너진 국권과 함께 간도 사람들은
고난의 주변인周邊人이 되었다.

그러나 우리가 가꾸고 다듬은 간도 땅
고국 떠난 독립투사들이
이곳에 항일투쟁의 근거지 세우고
꺼져가던 민족혼을 되살려 놓았으니
간도는 국권회복의 터전이 되었다.

천 년 이어온 발해의 옛 터에는 지금도
민족의 숨결이 생생히 이어지고 있다.

일송정一松亭

만주땅 연길시 용정龍井
비암산 꼭대기에 우뚝 선
우람찬 한 그루 소나무

멀리서보면 정자를 닮아
일송정이라 불리었다

저 아래 용두레 마을을 가로질러
유유히 흐르는 해란강을 굽어보며
일제에 빼앗긴 조국을 되찾으려 모여드는
항일투사들의 만남의 터

조국광복의 그 날을 꿈꾸며
일제를 향해 활시위 겨누고
만주벌판을 말달리던 선구자들
이곳에서 끓는 피를 뿌렸다.

모든 재산 팔아 만주로 떠난
헤이그 밀사 이상설은
민족교육의 장 서전서숙을 열었고,
투철한 지사 김약연은 명동학교를 세우니
그 제자 윤동주 송몽규 문익환은
민족혼을 일깨우려 젊음을 불사르다.

항일투사 이동휘, 이상룡, 김동삼은
무관학교 개설하고
홍범도 김좌진은 봉오동, 청산리에서

일본군을 대파하였다.
안중근은 이토오를 저격하고
신채호는 역사로 민족정기를 외쳤다.

꺼지지 않는 민족혼을 노래하며
조국광복의 희망을 놓지 않았던
별의 시인 윤동주,
잔악한 일제의 생체실험
물주사로 고귀한 영혼을 앗아갔다.

나라 잃은 시대의 의로운 영혼들과
빛을 남긴 선구자들
이곳 일송정에서
국권회복을 다짐하였으니

아!
용두레 땅은 일제에 짓밟혀
꺼져가던 우리민족에게 생명의 불씨를 지펴준
은혜의 땅이었던가.

비암산 봉우리 일송정에 올라
저 멀리 해란강을 바라보며
100년전 북간도 용정 땅에 모여
조국을 찾겠노라 맹세하던
선구자들의 넋을 되새겨본다.

백두산 천지白頭山 天池

환웅이 내려온 신단수
민족의 성산聖山
흰 머리 산 백두산
영원히 닳지 않는 신神의 산

그 꼭대기에
민족의 정기를 가득 담은 바다같은 하늘 못
천지

우리 민족의 장구한 역사가
여기에서 시작되었다

어디가 하늘이고 어디가 호수인가
백두의 탯줄을 이어온不咸
이 산 이 호수는
우리의 영원한 생명줄,
백두의 돌 가져다
광개토대왕의 비석 세우고
웅혼한 고구려의 기상을 담았으니

우리 배달민족은
기나긴 세월을 외줄로 엮으며
모진 역사 앞에도
흔들림 없이 그 뿌리를 지켜왔다

천지물에 손 씻고
하늘을 향해

엎드려 기도 하나이다
아!
천지여,

백두산 십육봉을
자유로이 거닐게 하소서
70년간 갈라져 살고 있는
이 땅을 하나 되게 하시고
영원히 이 겨레를 보살펴 주소서

두만강가에서

중국 조선족 자치주 길림성 도문
중·조 국경선이라 씌어 있다.
우리의 간도 개척이 시작된 두만강
저 강 건너편은 함경도 온성 남양땅이다.

백두산에서 여기까지 칠백리 길을
줄기차게 달려와 동해로 흐르는 강
두만강
노젓는 뱃사공의 푸른 물은 보이지 않고.
무산철광에서 쏟아내는 쇳물에 강물이 어둡다

나는 하얀 눈 밟으며 해 저무는 두만강가에 서 있다.
우리의 옛 간도땅을 밟고
건널 수 없는 강 저편을 바라보고만 있다.

가슴이 저민다.
같은 강을 두고 한쪽에서는 두만頭滿이라 하고
또 다른 쪽에서는 도문圖們이라 부른다.
일제에 나라 빼앗긴 시절
이 강은 쫓겨 다니던 우리민족의
눈물로 가득한 강이었다.

강 한가운데엔 가느다란 실금이 보인다.
본래 우리 땅 우리의 강이었건만
지금은 건널 수 없는 강
누가 이 강을 둘로 갈랐나
내 땅을 두고 왜 타국에서 우리를 바라보아야 하는가

500년 전 대장부 남이는
두만강 물이 마르도록 말 먹여
우리의 고토 고구려와 발해를 되찾겠노라
웅혼한 기상을 말하지 않았는가
누가
이 강을 평화의 강으로 만들어 놓을 사람 없는가

아,
정녕 내가 살고 있는 이 시대에
통일과 고토 회복을 이루지 못한단 말인가!

우리의 땅 만주를 되찾고 우리의 강 두만강이 하나가 되는
그 날이 오면
나는 두만강 끝 동해바다로 나가
덩실 덩실 춤을 출 것이다.

발문跋文

시가 사라지고 있다고 한다. 가을과 낭만을 노래한 릴케도, 불의로 가득 찬 세상을 향해 일갈하던 김수영도 더 이상 우리 곁에서 찾기 힘들다. 잊혀진 것이, 아니 잃어버린 것이 어디 시뿐이랴. 매체의 시대, 정보의 시대에 감성을, 아니 자신의 언어를 상실해 가는 것이 우리네 삶이다.

하지만 시가 없는 세상을 생각할 수 있을까? 노래하지 않고 어찌 인간이 살아낼 수 있으며, 또 살아 있는 인간이 어찌 노래하지 않을 수 있겠는가. 그러기에 노래는 계속 되는가 보다.

60여년을 살아낸 한 시인의 소리이기에 그 노래는 더욱 예사롭지 않다. 그는 기교로 일부러 멋을 부리지도 않고, 억센 말로 힘을 과장하지도 않는다. 부드러운 성품만큼이나 그의 언어는 따스함을 간직하고 있으며, 그러기에 한 구절 한 구절 진솔함이 묻어난다.

전국을 누비는 그의 발길이 아마 오래 전부터 이 땅 여기저기를 향하고 있었나 보다. 그의 정성스런 발길이 안 닿은 곳이 없다. 여행기인 듯, 옛 선비의 읊조림인 듯 엮어진 언어의 다발 속에 이 땅에 대한, 사람들에 대한 애정을 느낀다.

유적이란 자고로 지난 세월 삶의 흔적이 새겨진 곳이다. 가만히 들여다보는 눈길에 영욕과 질곡의 인간사가 묻어나지 않는 곳이 없다. 그러나 실용의 시대를 사는 우리들은 시를 필요로 하지 않듯 과

거의 의미를 되새길 여유가 없다. 당장의 쓸모를 셈하기 어려운 일에 눈길을 주는 일은 시대의 덕목이 아닌가 보다.

그러나 시인은 왜 또 다시 역사를 입에 올려야 하는지를 말하는 듯하다. 아마도 과거에 대한 반성적 사고 없이 이 땅의 내일은 기약할 수 없을 것이란 확신 때문일 것이다. 시인의 따스한 언어에 강인함이 묻어나는 대목이다. 이 땅을 향한 그의 발길에는 이 땅의 모든 질곡의 역사는 분단극복에서 해결의 실마리를 찾아야 한다는 의지가 깃들여진 듯하다. 세상을 향한, 시대를 향한 시인의 결기를 진하게 느낄 수 있다.

먼 족형의 귀한 글 모음에 작은 흔적을 남기는 영광을 누린다. 시인의 건강과 건승을 기원할 따름이다.

동국대학교 국사학과 교수 박용희

| 저자 소개 |

박순진朴淳鎭

자字는 광록光錄, 호號는 운산雲山
1954년 경북 청도 운문에서 출생
1980년 고려대학교 졸업
육군기갑여단 군복무를 마치고 대학 졸업과 동시에 은행에 입사하였고 결혼을 하여 2남을 두었다. 은행에서 퇴직한 후 공무원시험을 거쳐 공직자로서 22년간 근무하였다.
대학시절부터 우리의 문화유산에 대한 관심을 가지고 전국의 유물 및 명승고적을 답사하여 약 500여 군데의 탐방경력을 가지고 있다.
대학원에서 역사공부를 하면서 문화유산이 우리에게 주는 의미와 그 소중함을 깨달았고 이를 보존하는 방법이 무엇인가를 생각하면서, 글 쓰는 일이 업이 아닌 사람으로서 이러한 작업이 가능한지를 시험해 보고자 한다.

운산역사기행 현장을 가다

초판 인쇄 2017년 3월 8일
초판 발행 2017년 3월 15일

지 은 이 | 박순진
펴 낸 이 | 하운근
펴 낸 곳 | 學古房

주 소 | 경기도 고양시 덕양구 통일로 140 삼송테크노밸리 A동 B224
전 화 | (02)353-9908 편집부(02)356-9903
팩 스 | (02)6959-8234
홈페이지 | http://hakgobang.co.kr
전자우편 | hakgobang@naver.com, hakgobang@chol.com
등록번호 | 제311-1994-000001호

ISBN 978-89-6071-649-0 03810

값 : 15,000원

이 도서의 국립중앙도서관 출판예정도서목록(CIP)은 서지정보유통지원시스템 홈페이지(http://seoji.nl.go.kr)와 국가자료공동목록시스템(http://www.nl.go.kr/kolisnet)에서 이용하실 수 있습니다. (CIP제어번호 : CIP2017006042)

■ 파본은 교환해 드립니다.